Kai-Jürgen Lietz
Sparen ohne Opfer

Kai-Jürgen Lietz

Sparen ohne Opfer

Mit Alltagsentscheidungen gewinnen

Aktuelles zum Buch unter:
www.entscheidercoach.de

Ihr direkter Kontakt zum Entscheidercoach Kai-Jürgen Lietz:
  direkt@entscheidercoach.de

Bibliographische Information der Deutschen Nationalbibliothek
Die Deutsche Nationalbibliothek verzeichnet diese Publikation in der Deutschen
Nationalbibliografie; detaillierte bibliografische Daten sind im Internet über
http://dnd.d-nb.de abrufbar.

© 2009 Kai-Jürgen Lietz
Herstellung und Verlag: Books on Demand GmbH, Norderstedt
Titel: "Piggy Bank" © microstocker – www.fotolia.de

ISBN 978-3-8370-8646-1

Inhaltsverzeichnis

1. Vorwort

"Sparen ohne Opfer" wird seinen Lesern helfen, mit bedarfsgerechten Entscheidungen viel Geld und Zeit einzusparen.

Ich schreibe dieses kleine Büchlein zu einer Zeit, in der wir mit einer tiefen und langen weltweiten Rezession rechnen. Jedes Unternehmen wird in den nächsten Jahren sparen müssen. Dafür gibt es eine eigene Berufsgruppe, die Controller. Allerdings sind ihre Anstrengungen allein darauf gerichtet, die Ausgaben im Zaum zu halten. So verhängen sie enge Budgets, die den Entscheidern im Unternehmen ihre Bewegungsfreiheit rauben und damit das Unternehmen zum Stillstand bringen. Erst wenn die Rezession vorbei ist, erwachen die Unternehmen wieder zu neuem Leben und stellen dann vielleicht entsetzt fest, dass einige wenige sich in der Krise fortentwickelt haben und nun neue Schlüsselpositionen im Markt belegen. Das Erstaunliche: Auch die Profiteure der Krise haben Ausgabendisziplin geübt, ihre Budgets eingehalten, aber mit dem Wenigen hervorragende Ergebnisse erzielt. Sie haben äußerst wirksam gewirtschaftet.

Dieses Buch hilft Ihnen, solche Erfolge im eigenen Unternehmen zu realisieren. Ganz unabhängig, ob Sie Geschäftsführer sind, im Mittelmanagement sitzen oder einfach ein Mitarbeiter mit Entscheidungsverantwortung sind.

Der Schlüssel dazu sind unsere Entscheidungen.

Eine durchschnittliche Entscheidung deckt zu ca. 60 Prozent den eigenen Bedarf des Entscheiders ab und zu 40 Prozent fremde Einflüsse, die nichts mit seinem Bedarf zu tun haben. Unser Bedarf ist alles, was wir brauchen, um mit unserer Entscheidung glücklich und zufrieden zu sein. Es geht also nicht allein um den Grundbedarf, sondern auch um alle Aspekte, die dem Entscheider Zufriedenheit verschaffen. Fremde Einflüsse umfassen den ganzen Bereich der Einflüsterungen durch Medien, Werbung, Verkäufer, falsche Ratgeber usw., die dem Entscheider im Nachhinein nichts bedeuten werden.

Da ich die wesentlichen Prinzipien, auf die es ankommt, in meinen anderen Büchern ausführlich beschrieben habe, konzentrieren wir uns hier allein auf die Werkzeuge, mit denen Sie zum Ziel kommen. Und das ist es, große Einsparungen zu erzielen, ohne den Gürtel enger zu schnallen, ohne das Unternehmen unbeweglich zu machen.

1. VORWORT

Vielleicht klingt das für Sie wie ein Paradoxon. Umso besser! Anderen wird es nicht anders ergehen und solange die Konkurrenz noch rätselt, werden Sie bereits die ersten Erfolge einfahren können.

Wenn alle anderen unbeweglich sind, weil sie auf konventionelle Weise sparen, kann sich der echte Unternehmer umso deutlicher von der Konkurrenz absetzen. Das gilt innerhalb eines Unternehmens, wie auch außerhalb auf den hart umkämpften Märkten einer Rezession.

Eines verspreche ich Ihnen schon an dieser Stelle: Nichts von dem, was ich Ihnen vermittle, müssen Sie einfach nur glauben. Es ist der gesunde Menschenverstand, der dahinter steckt – nicht mehr und nicht weniger. Daher werden Sie auch rasch merken, wie Sie mit den hier vorgestellten Werkzeugen schnell Erfolge erzielen.

Intuitive Entscheider werden an der einen oder anderen Stelle vielleicht denken, dass wir hier im Buch sehr systematisch vorgehen. Dieser Eindruck trügt nicht. Denn auch diese Entscheider müssen wissen, was sie wollen, um sich selbst in die Lage zu versetzen, eigene Alternativen zu schaffen. Die Entscheidung darüber, welche Alternative die Richtige ist, können Sie im Anschluss auf der Grundlage Ihrer Intuition treffen oder methodisch, je nachdem welcher Typ Sie sind.

Ich freue mich auf Ihr Feedback und beantworte gerne Ihre Fragen. Sie erreichen mich via E-Mail unter direkt@entscheidercoach.de

2.   Sparen ohne Opfer

Ich bin in Baden-Württemberg geboren und habe dort auch einen beträchtlichen Teil meiner Jugend verbracht. Wir Schwaben haben den Ruf, sehr sparsam und gleichzeitig fleißig zu sein.

Meine Eltern stammen jedoch ursprünglich aus Berlin und solange ich mich erinnern kann, haben sie immer ihr Geld zusammengehalten. Was mir damals auffiel: Obwohl die Schwaben sparsam sind, erleben sie doch immer eine hohe Lebensqualität. Denn wenn sie etwas kauften, dann musste es „ebes guts" sein. Sie kauften immer das, was ihrem Bedarf entsprach.

Meine Eltern waren auch immer bemüht, hochwertige Anschaffungen zu machen, ließen sich aber viel zu häufig von vermeintlichen Schnäppchen und Chancen verführen. Im Nachhinein waren die Angebote aber nie so gut, wie sie anfänglich ausgesehen hatten. Denn sie gingen am Bedarf unserer Familie vorbei. Ob es Autos, Häuser oder Anlageentscheidungen waren, viel Glück schienen meine Eltern damit nicht zu haben.

Unsere schwäbischen Nachbarn waren dagegen sparsam, ohne sich dabei einschränken zu müssen. Dort hat keiner den Gürtel eng geschnallt. Denn die meisten wussten sehr genau, was sie wollten und was nicht. Entsprechend haben sie ihr Geld auch nur für Ersteres ausgegeben. Diese Sparsamkeit dem Unnötigen gegenüber begründet wohl auch den Ruf der Schwaben, geizig zu sein.

Natürlich stilisiere ich hier einen Stereotypen der Schwaben, wie es ihn vermutlich nicht gibt. Unsere Wahrnehmung ist oft scherenschnittartig. Ich jedenfalls nahm mir daran ein Beispiel, das in neuerer Zeit durch meine Kunden im Stuttgarter Raum wieder bewusst geworden ist.

Sie müssen kein Schwabe sein, um mit den Werkzeugen in diesem Buch Erfolg zu haben. Ich bin auch kein genetischer Schwabe, sondern nur kulturell davon geprägt. Wir sehen aber, die hier in Werkzeuge gekleideten Prinzipien werden von einer ganzen Volksgruppe bereits über Jahrhunderte erfolgreich eingesetzt. Und das kann jeder von uns. Ich hätte dieses Buch auch „Das Schwaben-Prinzip" nennen können. Nur dann hätten Sie dieses Buch vielleicht nicht gekauft. Denn wir möchten ja sparen, ohne Opfer bringen zu müssen und manch einer möchte vielleicht nicht seine Identität ändern und sich zum Schwaben wandeln.

Vielleicht fragen Sie sich jetzt, wie Sie sparen können, ohne sich dabei einschränken zu müssen?

2.1 Quellen der Verschwendung

Sparen verlangt uns dann ein Opfer ab, wenn wir auf etwas verzichten müssen, was uns wichtig ist. Oft sind wir nur der Meinung, etwas wäre wichtig und im Nachhinein stellen wir dann fest, dass wir ganz problemlos darauf hätten verzichten können. Immer wenn wir solche Rohrkrepierer in eine Entscheidung einfließen lassen, droht uns Verschwendung.

1. Der Nichtwisser bei Alltagsentscheidungen

Sie sind überall – Entscheider, die ihren Bedarf nicht genau kennen. Sie verschwenden zum Beispiel die Zeit ihrer Mitarbeiter und Kollegen, indem sie zu überflüssigen Meetings einladen, ohne klare Agenda, ohne klare Vorbereitung und überziehen diese dann auch noch. Wir finden sie wieder, wenn Aufgaben verteilt werden, deren Sinn keinem anderen ersichtlich ist oder wenn Mitarbeiter eingestellt werden, die nicht zum Unternehmen und zur Aufgabe passen. Wir finden diese Entscheider in jeder Hierarchieebene, von ganz oben bis ganz unten. Hier schlummert ein gewaltiges Potenzial, das wir heben können.

Hand aufs Herz: Geht es uns nicht auch hin und wieder so, dass wir nicht genau wissen, was unser Bedarf ist? Natürlich wissen wir ungefähr, in welche Richtung es gehen soll, aber ganz genau wissen wir es nicht. Dieses Buch gibt uns das Handwerkszeug, um es in Zukunft besser zu machen.

Was würde wohl passieren, wenn alle Entscheider in einem Unternehmen wüssten, was sie wollen und danach handeln würden. In manchen Bereichen würde sich die Produktivität vervierfachen. Entscheidungen müssten seltener im Konsens getroffen werden. Stattdessen würden Entscheider wieder bewusst gestalten.

2. Der Nichtwisser bei Ausnahmeentscheidungen

In jeder durchschnittlichen Entscheidung wird ein Teil des tatsächlichen Bedarfs abgedeckt und ein gewisser Teil fremder Einflüsse. Letztere kennen wir alle. Sie verführen uns zum Beispiel, Probleme lösen zu wollen, die noch gar nicht existieren oder Risiken zu begegnen, die wenig wahrscheinlich sind. Oder wir lassen uns von Verkäufern, falschen Ratgebern und den Medien beeinflussen. Dieser Anteil an unseren gewählten Lösungen und an unseren Handlungsalternativen bringt uns im Nachhinein keinen Nutzen und ist daher Verschwendung.

Wie groß dieser Anteil ist, hängt vom Entscheider selbst ab. Um es gleich voraus zu schicken: ganz lässt sich dieser Anteil der fremden Einflüsse nicht ausschalten, aber wir können ihn so klein wie möglich halten.

Vielleicht denken Sie aber auch, dass Sie mit Ihren Entscheidungen immer Ihren Bedarf decken und keiner dieser überflüssigen fremden Einflüsse wirksam wird. Das könnte sogar sein. In der Praxis ist es allerdings häufig so, dass wir es verlernt haben, unseren Bedarf selbst zu formulieren. Die meisten Entscheider orientieren sich bei Problemen an Lösungsvorbildern, seien es Wettbewerber oder käufliche Lösungen. Mit anderen Worten: Der Entscheider orientiert sich zuerst am Angebot und entdeckt dann, was sein Bedarf sein soll. Aus der Kognitionsforschung wissen wir, dass es so nahezu unmöglich ist, einen eigenständigen Bedarf zu formulieren.

Das Phänomen nennt sich Verankerung. Dabei passiert Folgendes: Ein ungelöstes Problem beschäftigt den Entscheider. Um die daraus entstehende Spannung abzubauen, sieht er sich vorab einige Lösungen an. Die Spannung fällt von ihm ab und er wird so auf die Merkmale der halbwegs passenden Lösungen konditioniert. Ab jetzt sucht er explizit nach deren Merkmalen, ohne dass diese seinen Bedarf überzeugend decken würden. Aspekte, die in den betrachteten Alternativen nicht vorkommen, tauchen voraussichtlich in dem so erschlossenen Bedarf nicht auf. Mit anderen Worten, der Entscheider hat keine Chance, Lücken im bestehenden Angebot der Alternativen zu erkennen. Denn sein eigentlicher Bedarf ist ihm nach wie vor nicht bekannt.

2. SPAREN OHNE OPFER

Fragen Sie sich nicht auch als erstes, wie Ihre Alternativen aussehen, wenn Sie mit einem Problem konfrontiert sind? Es ist nicht ganz einfach, ein so starkes Handlungsmuster zu durchbrechen.

Ich habe vor Kurzem einen Abendworkshop mit 30 Trainern durchgeführt. In einem Livecoaching sollte der Bedarf eines Kollegen ermittelt werden. Obwohl sich alle der Problematik bewusst waren, richteten viele ihren Fokus doch immer wieder auf die Lösungsmöglichkeiten, bevor der Bedarf ausreichend erarbeitet war. Dieses Beispiel zeigt uns, wie stark diese Gewohnheiten in uns verankert sind.

Stellen Sie sich vor, was passieren würde, wenn Sie bei der Umsetzung Ihrer Entscheidungen 40 Prozent der Kosten, der Zeit und anderer Ressourcen einsparen könnten und Sie *gleichzeitig* noch ein besseres Ergebnis erzielten?

Wie kann das sein? Jeder kennt die fremden Einflüsse auf unsere Entscheidungen. Aber wieso sollte das Ergebnis einer bedarfsgerechten Entscheidung besser ausfallen als bei einer Lösung, für die wir mehr Zeit und Ressourcen aufwenden?

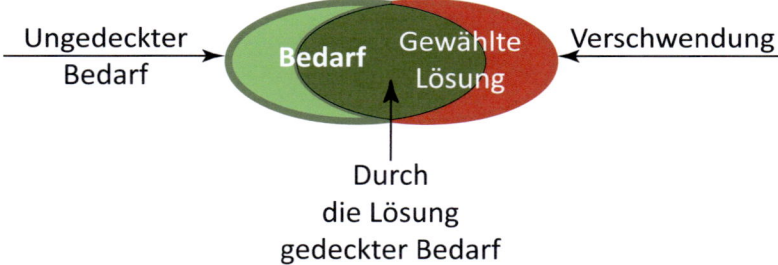

Verschwendung und ungedeckter Bedarf bei einer Durchschnittsentscheidung

Wir kennen unseren Bedarf nicht genau. Das ist das Grundübel vieler Entscheidungen. Könnte es da nicht sein, dass wir aus unserer Problemstellung heraus noch zahlreiche ungelöste Aspekte haben, die wir mit der gewählten Lösung nicht ansprechen?

Ich nenne dieses Szenario das Kaugummi-Problem. Denn obwohl wir uns bemühen, das Problem zu lösen, kommt es immer wieder in unterschiedlichen Formen zu uns zurück. Wie ein alter Kaugummi, der an der Schuhsohle klebt. Es dauert meist lange, bis jeder Aspekt vollständig gelöst ist. Und bei jeder neuen Lösung haben wir wieder die Gefahr der fremden Einflüsse, die unsere Entscheidung kostspieliger machen.

2.2 Wirksam wirtschaften

Stellen Sie sich vor, Sie haben Ihren Bedarf genau erarbeitet und schaffen eine Lösung, die ihn im ersten Anlauf vollständig deckt. Dann müssen Sie sich nicht in zahlreichen Wiederholungen immer wieder damit beschäftigen. Wie viel mehr Zeit hätten Sie dann, um noch bessere Entscheidungen zu treffen?

Effizient nennt man es, wenn wir mit gegebenem Einsatz das bestmögliche Ergebnis erzielen. Effektiv sind wir, wenn wir uns mit den richtigen Dingen beschäftigen. Bedarfsgerechte Entscheidungen sind sowohl effektiv als auch effizient. Ich nenne das „wirksam wirtschaften".

In jedem Unternehmen gibt es zahlreiche Wertschöpfungsstufen. Daher reicht es nicht, bedarfsgerechte Entscheidungen allein auf Management- und Führungsebene zu treffen. Jeder Mitarbeiter hat Entscheidungs- und Gestaltungsspielräume. Wer wirksam wirtschaften will, muss daher jeden Mitarbeiter dazu befähigen, bedarfsgerecht zu entscheiden.

Den eigenen Bedarf zu ermitteln, ist mit den richtigen Werkzeugen nicht weiter schwer. Ganz im Gegenteil, manche Manager vermissen dabei sogar die intellektuelle Stimulation.

Denn Entscheidungen zu treffen, ist eine menschliche Grundfähigkeit. Wie die Gehirnforscher inzwischen wissen, treffen wir jeden Tag über 20.000 Entscheidungen. Die Grundmechanismen, gute Entscheidungen zu treffen, beherrscht daher potenziell jeder einzelne Mitarbeiter. Wir müssen dieses Potenzial nur heben.

Wer wirksam wirtschaftet, ist automatisch sparsam, ohne dass er sich einschränken müsste und unbeweglich wird.

3. Die Arbeit eines Entscheiders

Entscheidungen sind richtungsgetriebenes Handeln. Wer daher gute Entscheidungen treffen möchte, muss wissen, wo er herauskommen will. Mit einzelnen Zielen ist es allerdings nicht getan. Jedes Unternehmen sollte über eine Vision verfügen. Das ist ein ganzheitliches Bild, das die Summe seiner Ziele abbildet.

Formulierungen, wie „im Jahr 2012 sind wir die Nummer eins in Europa und die Nummer drei in der Welt bei unseren Kundenzielgruppen" sind eher für Aktionäre gedacht als für Entscheider im Unternehmen. Denn welchen Anhaltspunkt für eine Richtung soll diese Vision dem Entscheider geben? Eine Vision ist ein ganzheitliches Bild, das die Kunden, die Mitarbeiter, die Führungskräfte, die Investoren, die Umwelt und die Rolle des Unternehmens in der Gesellschaft abbildet. Ein klares Bild, an dem sich jeder orientieren kann.

Sollte die Unternehmensvision nicht eindeutig sein, müssen die Führungskräfte sie für ihre Mitarbeiter interpretieren und verständlich machen.

Ganz unabhängig von der Unternehmensvision sollten natürlich auch die Mitarbeiter eine eigene Vision davon haben, wie ihr Leben aussehen soll. Denn es ist wichtig, dass ihre Vision zu der des Unternehmens passt.

Ich gehe in diesem Buch davon aus, dass alle Leser über eine Vision verfügen. Wenn nicht, empfehle ich Ihnen die Lektüre meiner Entscheider-Bibel (siehe Abschnitt 9.3). Darin finden Sie ein umfassendes Kapitel mit angeschlossenem Workshop, mit dessen Hilfe Sie eine eigene Vision entwickeln werden.

Wir haben also eine Vision. Dann gibt es genau drei Aufgaben, mit denen sich ein Entscheider beschäftigen muss, um erfolgreiche Entscheidungen zu treffen.

1. Er muss sich Klarheit über seinen eigenen Bedarf verschaffen. Ich nenne das auch „Entscheidungsklarheit" schaffen.
2. Er muss sich attraktive Alternativen erarbeiten, die seinen Bedarf decken.
3. Er muss sich die größtmögliche Unterstützung für die Umsetzung seiner Entscheidungen sichern.

Mit den Aufgaben (1) und (2) beschäftigen wir uns im Rahmen dieses Buches, um darüber Einsparungen zu erzielen.

Wer die Unterstützung für die Umsetzung seiner Entscheidungen hat, spart eventuell auch etwas ein, weil er Widerstände vermeidet. Aber mir geht es in die-

3. DIE ARBEIT EINES ENTSCHEIDERS

sem Buch vornehmlich darum, bedarfsgerechte Entscheidungen anzustoßen. Dazu müssen wir unseren eigenen Bedarf verstehen und dazu passende Alternativen schaffen. Diese Kernaufgaben lösen wir zukünftig auf ganz einfache Weise mit den Methoden und Werkzeugen aus diesem kleinen Buch.

Im folgenden Kapitel zeige ich Ihnen, wie wir einfach und mühelos unseren eigenen Bedarf in jeder Entscheidungssituation erarbeiten werden.

4. Den eigenen Bedarf erarbeiten

Wenn wir unsere Entscheidungen bedarfsgerecht treffen wollen, müssen wir zunächst unseren eigenen Bedarf kennen. Im Rahmen dieses Buches ist dieses Kapitel vermutlich das wichtigste für den Leser. Denn wir haben oftmals verlernt, unseren eigenen Bedarf zu sehen. Meistens steht ein Wald von fremden Einflüssen davor. Die folgenden Werkzeuge stellen quasi die Kettensäge dar, mit der wir diesen Wald abholzen werden.

1. Entscheidungskompass

Der Entscheidungskompass macht Ihnen innerhalb sehr kurzer Zeit klar, was Sie in einer Entscheidungssituation wollen und was nicht. Ich spreche deshalb auch von Entscheidungsklarheit, die Sie durch seine Bearbeitung erreichen. Der Ablauf ist sehr einfach und schlüssig. Bitte stören Sie sich nicht daran, dass wir hier von einer Entscheidung sprechen, obwohl zu diesem Zeitpunkt noch keine Alternativen vorliegen, über die wir entscheiden wollen. Der Einstieg in eine Entscheidung erfolgt sehr viel früher als viele glauben möchten. Viele denken bei Entscheidungen an die Situation, vor einer Entscheidung über ein paar Alternativen zu stehen, die sie selbst nicht geschaffen haben. Das ist allerdings ein unvorteilhafter Fall, den sie dank der in diesem Buch vorgestellten Werkzeuge auf jeden Fall vermeiden werden.

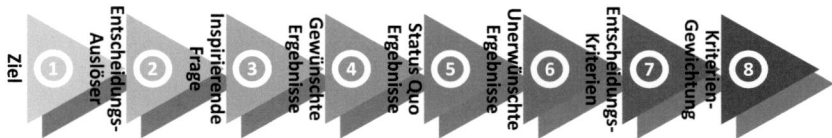

Ablaufschema für den Entscheidungskompass

Schritt 1: Das Ziel

Im ersten Schritt definieren wir zunächst das Ziel unserer Entscheidung. Zum Beispiel kommt gerade ein eiliger Arbeitsauftrag herein und wir müssen eine Lösung finden, wie er trotz bereits bestehender Überlastung bewältigt werden kann. Ziel ist in dem Fall: Der Auftrag für Herrn Heinze ist bis zum 30.11. erfolgreich abgeschlossen. Das ist messbar und es gibt einen klaren Zeitpunkt, zu dem das Ziel erreicht sein soll.

Schritt 2: Der Entscheidungsauslöser

Im zweiten Schritt wenden wir uns dem Auslöser unserer Entscheidung zu. Es muss ja einen Grund geben, warum Sie sich damit beschäftigen. Sollte es keinen Grund geben, dann könnte es sein, dass Sie sich in letzter Zeit zu sehr gelangweilt haben. Es gibt nur zwei mögliche Auslöser für eine Entscheidung. Entweder es gibt ein Problem, das Sie daran hindert, Ihre übergeordneten Ziele zu erreichen oder Sie haben eine Chance entdeckt, den Weg zu Ihrem Ziel schneller zu erreichen. Andere Gründe mag es zwar geben, aber sie rechtfertigen keine Entscheidung.

In unserem Beispiel besteht der Entscheidungsauslöser aus dem eiligen Arbeitsauftrag. Wäre er nicht eingegangen, müssten wir uns nicht damit beschäftigen. So könnten wir es zumindest oberflächlich betrachten.

Wir würden allerdings auch keinen Gedanken darauf verschwenden, wenn wir nicht bereits überlastet wären und Chancen sähen, ihn auf regulärem Weg rechtzeitig abzuschließen.

Die eigentliche Ursache ist daher die Überlastung. Wenn ich damit rechnen kann, dass ich beim nächsten Arbeitsauftrag wieder vor dem gleichen Problem stehe, dann sollte ich möglicherweise ein neues Entscheidungsproblem mit einem neuen Ziel definieren: "Die Überlastungssituation ist bis 30.11. behoben".

Für unseren Beispielfall bleiben wir bei der ursprünglichen Fragestellung. Wir behalten dabei aber die Ursache im Hinterkopf. Der Entscheidungsauslöser lautet also: „Dringender Arbeitsauftrag bei bereits voll ausgelasteten Kapazitäten".

Schritt 3: Die inspirierende Frage

Im dritten Schritt fokussieren wir unser Denken auf die richtige Problemstellung mittels einer Frage. Wie wichtig die richtige Fragestellung ist, wussten bereits die alten Griechen. Legende sind die Geschichten von Königen und Helden, die das Orakel von Delphi aufsuchten. Manche erhielten hilfreiche Antworten, andere wiederum ganz und gar unbrauchbare. Letztere hatten schlichtweg die falschen Fragen gestellt. In einem meiner Seminare schilderte mir ein Teilnehmer sein Entscheidungsdilemma. Entweder er schickte den Teamleiter eines Entwicklungsteams nach Fernost, um bei einer wichtigen Messe mit Kunden zu sprechen oder der Ingenieur würde hierbleiben und den Abschluss eines wichtigen Entwicklungsprojekts überwachen. Wenn es ein Problem in letzter Minute geben würde, könnte das allerdings nur der Teamleiter lösen. Was also sollte der Seminarteilnehmer machen? Den Teamleiter ins Ausland schicken und einige lukrative Aufträge an Land ziehen oder ihn bei seinem Team lassen, damit der Termin für das Projekt abgesichert ist? Der Entscheider befand sich deshalb in einem Dilemma, weil er beides als nahezu gleich wichtig einschätzte. Denn seine Fragestellung war falsch. Die richtige Frage lautete: „Wie schaffe ich es, dass mein Teamleiter sowohl die Messe besuchen kann, als auch im Falle eines Problems in letzter Minute für sein Team verfügbar ist?" Es mag sein, dass die Aufgabenstellung trotzdem nicht lösbar ist, aber immerhin haben wir so die Chance, uns überhaupt damit zu beschäftigen.

In dem dritten Schritt wird daher die „inspirierende Frage" formuliert. Sie beginnt im Regelfall mit „Wie schaffe ich es, …" oder „Wie erreiche ich es, dass …".

Für unser Beispiel lautet die inspirierende Frage: „Wie schaffe ich es, dass der neue Arbeitsauftrag trotz der bestehenden Kapazitätslast pünktlich erledigt ist?"

Schritt 4: Die drei Kontrollelemente

In meiner Anfangszeit als Entscheidercoach traf ich auf Kunden, die das Gefühl hatten, in Entscheidungssituationen nicht die Kontrolle zu haben. Das klingt zunächst einmal merkwürdig. Denn ohne den Entscheider geschieht ja nichts. Schnell stellte sich dann allerdings heraus, dass der Entscheider zwar ungefähr wusste, was er wollte und eine klare Zielsetzung hatte. Aber er war immer wieder hin und her gerissen, wenn ihm Menschen von Außen vernünftig klingende Lösungsvorschläge machten. Diese Entscheider konnten nicht eindeutig sagen, was sie wollten und was nicht. Ihnen fehlte somit die Kontrolle.

Daher definieren wir im vierten Schritt unsere drei Kontrollelemente, die uns die volle Kontrolle über unsere Entscheidungen in die Hände legen.

Die drei Kontrollelemente

1. Gewünschte Ergebnisse
2. Status quo Ergebnisse
3. Unerwünschte Ergebnisse

Vielleicht fragen Sie sich jetzt, worin sich ein *gewünschtes Ergebnis* von einem

Ziel unterscheidet. Ein Ziel haben wir ja bereits zu Beginn des Entscheidungskompasses formuliert. Die Ergebnisse aus den drei Kontrollelementen sind für uns wichtige Aspekte, die wir berücksichtigen, aber sie müssen nicht den Anforderungen einer Zielformulierung, wie Messbarkeit und Zeitpunkt entsprechen. Sie geben die Qualität wieder, mit der wir unser Ziel erreichen. Wenn es beispielsweise unser Ziel ist, im Sommerurlaub eine Woche in Rom zu verbringen, hätten wir das Ziel theoretisch bereits erreicht, wenn wir eine Woche in einem römischen Gefängnis verbracht haben, weil wir einem Mafiaboss frappierend ähnlich sehen!

Gewünschte Ergebnisse wären hier also der Aufenthalt in einem ordentlichen 4-Sterne-Hotel, die Besichtigung einiger Sehenswürdigkeiten, die italienische Küche zu genießen und Ähnliches.

Status quo Ergebnisse sind Aspekte, die wir bereits heute umgesetzt und erreicht haben, die auch nach Umsetzung unserer Entscheidung noch Bestand haben sollen. Entscheidungen sind richtungsgetriebenes Handeln und manchmal zerstören wir dabei unabsichtlich bereits lieb Gewonnenes. Damit uns das nicht passiert, legen wir einen bewussten Fokus darauf.

Zum Beispiel könnte für unsere Reise gelten, dass wir weiterhin die gute Beziehung zu unserem Ehepartner erhalten wollen. Das würde uns bei unserer Entscheidung darauf achten lassen, dass dessen Interessen ebenfalls mit abgebildet werden.

Unerwünschte Ergebnisse sind alle Aspekte, die wir unbedingt vermeiden wollen, wie zum Beispiel, ausgeraubt zu werden, Unfälle zu erleiden oder eine Lebensmittelvergiftung zu bekommen.

Bezogen auf unser Eingangsbeispiel mit der Kapazitätsüberlastung sehen die drei Kontrollelemente folgendermaßen aus:

Erwünschte Ergebnisse

- Arbeitsauftrag ist rentabel für das Unternehmen
- Der Kunde Heinze ist zufrieden
- Qualität ist gewährleistet
- Betriebsrat ist beteiligt

Status quo Ergebnisse

- Mitarbeitermotivation
- Zufriedenheit aller Kunden
- Reputation von Qualität und Zuverlässigkeit

4. DEN EIGENEN BEDARF ERARBEITEN

Unerwünschte Ergebnisse

- Urlaubsplanung muss umgeworfen werden
- Steigende Risiken für Lieferverträge
- Ausfall der turnusmäßigen Wartungsarbeiten
- Steigende Fluktuation wegen Arbeitsbelastung

Schritt 5: Entscheidungskriterien bilden

Sobald wir unsere drei Kontrollelemente erarbeitet haben, wissen wir bereits sehr genau, was wir wollen. Wenn uns dann jemand scheinbar sinnvolle Vorschläge macht, lassen wir sie gegen die Kontrollelemente laufen und können sehr genau sagen, was für uns passt und was keinen Sinn für uns ergibt.

In vielerlei Hinsicht kennen wir damit bereits unseren Bedarf. Wie aber würden wir damit umgehen, wenn zwar der Auftrag rentabel ist, dafür aber die turnusmäßigen Wartungsarbeiten ausfallen müssten?

In dem Fall wären wir zu diesem Zeitpunkt überfragt, da wir uns noch nicht bewusst gemacht haben, welche Aspekte uns wichtiger sind als andere. Wir bilden dies ab, indem wir sie gewichten. Bevor wir jedoch dazu kommen, entwickeln wir Entscheidungskriterien. Entscheidungskriterien sind Oberbegriffe, unter denen wir ähnliche Aspekte zusammenfassen. Ein Bedarf sollte klar sein und zu viele ähnlich ausgeprägte Aspekte stören die Klarheit, die wir mit diesem Verfahren schaffen wollen.

Bildung von Entscheidungskriterien

Nr.	Entscheidungskriterium	Ergebnisse aus den Kontrollelementen
A	Rentabilität	Der Arbeitsauftrag ist rentabel
B	Kundenzufriedenheit	Der Kunde Heinze ist zufrieden
		Zufriedenheit aller Kunden
C	Qualität und Zuverlässigkeit	Qualität ist gewährleistet
		Reputation von Qualität und Zuverlässigkeit soll erhalten bleiben
		Steigende Lieferrisiken müssen vermieden werden
D	Mitarbeiterzufriedenheit	Betriebsrat ist beteiligt
		Mitarbeitermotivation
		Vermeidung steigender Fluktuation

1. Entscheidungskompass

Nr.	Entscheidungskriterium	Ergebnisse aus den Kontrollelementen
E	Reibungslose Organisation	Urlaubsplanung soll nicht umgeworfen werden
		Wartungsarbeiten sollten turnusgemäß stattfinden

Damit stehen fünf Entscheidungskriterien fest, die wir im folgenden Schritt nach ihrer relativen Bedeutung zueinander gewichten werden.

Schritt 6: Die Gewichtung von Entscheidungskriterien

Dabei bedienen wir uns des paarweisen Vergleichs. Wir reduzieren so die Komplexität, die wir ansonsten auf einen Schlag bewältigen müssten, wenn wir alle Entscheidungskriterien auf einmal gewichten würden.

Denn beim paarweisen Vergleich müssen wir nur jeweils entscheiden, welches von zwei Kriterien uns wichtiger ist. Das hat natürlich seinen Preis. Denn wir müssen jedes Entscheidungskriterium mit jedem anderen vergleichen. Bei fünf Entscheidungskriterien sind das theoretisch 5 x 5 = 25 Vergleiche. Allerdings fällt der jeweilige Vergleich eines Kriteriums mit sich selbst heraus. Wenn ich außerdem bereits Kriterium A mit Kriterium C verglichen habe, muss ich Kriterium C nicht mehr mit A vergleichen. Daher fallen einige überflüssige Vergleiche heraus. Am Ende führen wir daher nur zehn Vergleiche durch:

Kriterien	A	B	C	D	E
A	~~1~~	A/B	A/C	A/D	A/E
B	~~B/A~~	~~1~~	B/C	B/D	B/E
C	~~C/A~~	~~C/B~~	~~1~~	C/D	C/E
D	~~D/A~~	~~D/B~~	~~D/C~~	~~1~~	D/F
E	~~E/A~~	~~E/B~~	~~E/C~~	~~E/D~~	~~1~~

Paarweiser Vergleich – überflüssige Vergleiche wurden weggestrichen

Das ist machbar. Bei jedem Vergleich bekommt das jeweils erfolgreichere oder wichtigere Kriterium einen Punkt. Sollten wir uns nicht entscheiden können, bekommen beiden Kriterien jeweils einen halben Punkt.

Am besten Sie nutzen dafür eine Excel-Tabelle, die Sie sich kostenfrei im Internet unter http://www.entscheidersparbuch.de herunterladen können. Zusätzlich gibt es den Entscheidungskompass als gedrucktes Management-Werkzeug zu beziehen. Mehr dazu finden Sie unter der gleichen Internet-Adresse.

4. DEN EIGENEN BEDARF ERARBEITEN

Für unsere Entscheidungskriterien sieht die Excel-Tabelle so aus:

Gewichtung	Vergleichsfelder				Entscheidungskriterien
A	A/E	A/D	A/C	A/B	Rentabilität
B	B/E	B/D	B/C		Kundenzufriedenheit
C	C/E	C/D			Qualität und Zuverlässigkeit
D	D/E				Mitarbeiterzufriedenheit
E					Reibungslose Organisation

Ausgangslage für die Gewichtung der Entscheidungskriterien

Die mit grauer Schrift hinterlegten Felder zeigen an, welches Kriterium mit welchem anderen verglichen werden soll. Im ersten Feld oben links steht „A/E". Das heißt, wir vergleichen „A. Rentabilität" mit „E. Reibungslose Organisation". Die grauen Buchstaben überschreiben wir jeweils mit dem Buchstaben des Gewinner-Kriteriums. In diesem Vergleich gewinnt für den Entscheider das Kriterium „A. Rentabilität". Das macht er im Anschluss mit allen weiteren Vergleichsfeldern und zählt am Ende, wie oft z.B. der Buchstabe A vorkommt. Diese Summe trägt er unter „Gewichtung" ein.

Gewichtung		Vergleichsfelder			Entscheidungskriterien
A	1	A	D	C	B	Rentabilität
B	4	B	B	B		Kundenzufriedenheit
C	3	C	C			Qualität und Zuverlässigkeit
D	2	D				Mitarbeiterzufriedenheit
E	0					Reibungslose Organisation

Ausgefüllter Entscheidungskompass

Warum haben wir die drei Kontrollelemente erarbeitet, wenn wir jetzt doch relativ allgemeine Entscheidungskriterien in unserer Gewichtungstabelle zu stehen haben? Die Entscheidungskriterien sehen zwar für den Außenstehenden sehr allgemein aus. Allerdings wissen wir genau, was wir in diesem speziellen Entscheidungsfall darunter zu verstehen haben. Jedes Kriterium könnten wir jederzeit auf die Ergebnisse aus den drei Kontrollelementen zurückführen.
Ich schreibe das hier so ausführlich, weil es immer wieder „Meister der Abkürzung" gibt, die gleich im ersten Schritt Entscheidungskriterien erarbeiten und gewichten, sich aber im Nachhinein wundern, warum sie immer noch nicht wissen,

was sie wollen.

Wir können allerdings noch einiges mehr machen, um unsere Entscheidungsklarheit zu steigern. Dazu müssen wir die passenden Bewertungsmaßstäbe für unsere Entscheidungskriterien bilden. Das ist das Thema im nächsten Abschnitt.

2. Maßstab

Der Entscheidungskompass sorgt bereits für ein hohes Maß an Klarheit über unseren Bedarf. In der Praxis habe ich festgestellt, dass viele Entscheider das weiter steigern, wenn sie eigene Bewertungsmaßstäbe aufstellen.

Im letzten Abschnitt haben wir bereits Entscheidungskriterien entwickelt und nach ihrer Bedeutung gewichtet. Diese dienen uns als Bewertungsgrundlage für zukünftige Handlungsalternativen.

Ein Maßstab hat die Funktion, etwas zu „messen". In diesem Fall wollen wir messen, inwieweit die verfügbaren Alternativen unseren Entscheidungskriterien genügen. Maßstäbe müssen zwei Bedingungen erfüllen:
1. Sie müssen eindeutig sein.
   Wenn wir dieselbe Sache ein zweites Mal messen, dann dürfen die Ergebnisse nicht unterschiedlich ausfallen.
2. Sie müssen Klarheit schaffen.
   Ein Maßstab zwischen „untauglich", „tauglich" und „hervorragend" mag seinem Zweck dienen, wenn ich nur ein Kriterium messe. Sobald ich allerdings mehrere Kriterien untersuche, muss für den Entscheider nachvollziehbar sein, wie er zu einer eindeutigen Gesamtbewertung kommt.

Bedingung (1.) bezieht sich auf unser Urteilsvermögen. Wenn wir beispielsweise in Prozentpunkten messen, dann könnte es sein, dass wir für dieselbe Sache einmal den Wert „28 Prozent" messen und zu einem anderen Zeitpunkt „32 Prozent". Diese Abweichung ist statistisch nicht sehr groß, aber zeigt eben, wie grob unser Urteilsvermögen ist. Daher empfehle ich auch, einen entsprechend groben Maßstab zu verwenden. Mit einer Skala von null bis vier wird jeder Entscheider zuverlässig umgehen können. Damit ist dann auch gleich die zweite Bedingung erfüllt. Denn wenn ich mit einem Zahlenmaßstab bewerte, kann ich im nächsten Schritt meine Bewertung mit der Gewichtung des Entscheidungskriteriums multiplizieren und komme auf einem mathematischen Weg zum Ergebnis.

4. DEN EIGENEN BEDARF ERARBEITEN

Der eine oder andere Leser mag einwenden, dass ein Maßstab von null bis vier doch sehr grob sei und dass sich nach einer Bewertung Gleichstände zwischen Alternativen ergeben könnten, obwohl es bei genauerer Bewertung einen Sieger gäbe. Das mag richtig sein. Allerdings sind wir als Entscheider massiv durch die Begrenzung unserer Wahrnehmungsfähigkeit geprägt. Von den Millionen Umgebungsinformationen, die jede Sekunde auf uns einströmen, verarbeiten wir lediglich 50 Bits. Diese 50 Bits sind für uns wesentlich.

Allerdings nimmt jeder seine Umgebung anders wahr. Der Inhalt Ihrer 50 Bits bezieht sich auf andere Inhalte als bei Ihrem Nachbarn. Unsere Urteilsfähigkeit ist daher nicht besonders ausgeprägt. Aus diesem Grund können wir genauso gut auch mit einem groben Maßstab arbeiten und wenn es dann zu einem Gleichstand kommt, noch einmal tiefer in die Einzelaspekte eintauchen, um eventuelle Unterschiede zu erarbeiten.

Wie wir gleich sehen werden, kostet es Arbeit, einen Maßstab zu erstellen. Daher ergibt es auch aus dieser Warte Sinn, sich mit einem groben Maßstab zu begnügen.

Wenn ich zu Beginn dieses Abschnitts geschrieben habe, dass es Klarheit schafft, sich einen Bewertungsmaßstab zu schaffen, dann gilt das mit einer Einschränkung. Wir brauchen für jedes einzelne Entscheidungskriterium einen eigenen Maßstab. Erst wenn wir genau wissen, was es bedeutet, dass sich eine Alternative zum Beispiel drei Punkte beim Kriterium „Kundenzufriedenheit" verdient, entwickeln wir das zusätzliche Quantum Klarheit.

Der Durchschnittsentscheider begnügt sich dagegen oft mit einem allgemeinen Maßstab.

Allgemeiner Maßstab für die Bewertung von Entscheidungskriterien

Wert	Bedeutung
0	Das Kriterium wird nicht erfüllt.
1	Das Kriterium wird kaum erfüllt.
2	Das Kriterium wird durchschnittlich gut erfüllt.
3	Das Kriterium wird fast vollständig erfüllt.
4	Das Kriterium wird voll erfüllt.

Das ist schon wesentlich besser, als einmal grob über den Daumen zu peilen, aber einen Beitrag zur Klarheit über meinen Bedarf kann dieser Maßstab leider nicht leisten.

Wir brauchen daher einen speziellen Maßstab für jedes einzelne Kriterium. Wenn wir einen Maßstab entwickeln, ist unsere Kernfrage immer „Was muss alles erfüllt sein, damit die Alternative eine Bewertung von X Punkten im Kriterium Y bekommt?"

Für unser Kapazitätsproblem könnte dieser Maßstab für die fünf Entscheidungskriterien so aussehen:

Maßstab für das Kriterium „Rentabilität"

Wert	Bedeutung
0	Der erzielte Umsatz mit dem Auftrag ist kleiner als die variablen Kosten der Herstellung.
1	Der erzielte Umsatz deckt lediglich die variablen Kosten der Herstellung.
2	Der erzielte Umsatz deckt die Kosten der Herstellung auf Basis der Vollkostenrechnung.
3	Die Umsatzmarge des Auftrags beträgt mindestens 5 Prozent, aber weniger als 20 Prozent.
4	Die Umsatzmarge des Auftrags beträgt mehr als 20 Prozent.

Maßstab für das Kriterium „Kundenzufriedenheit"

Wert	Bedeutung
0	Es besteht das Risiko, dass sowohl der Kunde Heinze als auch andere Kunden des Unternehmens mit den Leistungen nicht zufrieden sein werden.
1	Mit Ausnahme des Kunden Heinze kann das Unternehmen alle seine Kunden zufrieden stellen.
2	Das Unternehmen kann sowohl den Kunden Heinze als auch alle anderen Kunden zufrieden stellen.
3	Das Unternehmen wird den Kunden Heinze zufrieden stellen und die Erwartungen seiner übrigen Kunden übertreffen.
4	Das Unternehmen wird die Erwartungen aller seiner Kunden übertreffen.

4. DEN EIGENEN BEDARF ERARBEITEN

Maßstab für das Kriterium „Qualität und Zuverlässigkeit"

Wert	Bedeutung
0	Das Unternehmen kann mehr als 25% seiner Terminzusagen nicht einhalten und mehr als 5% seiner Produkte weisen Qualitätsmängel auf.
1	Das Unternehmen hält mindestens 75% seiner Terminzusagen ein und hat unter 3% Fehlerquote.
2	Das Unternehmen hält mindestens 90% seiner Terminzusagen ein und hat unter 1% Fehlerquote.
3	Das Unternehmen hält mindestens 95% seiner Terminzusagen ein und hat unter 0,01% Fehlerquote.
4	Das Unternehmen hält mindestens 99,5% seiner Terminzusagen ein und hat eine Fehlerquote von 0,001% und weniger.

Maßstab für das Kriterium „Mitarbeiterzufriedenheit"

Wert	Bedeutung
0	Der Betriebsrat hat keinen blassen Schimmer. Viele Mitarbeiter leisten unbezahlte Überstunden. Eine Besserung ist nicht in Sicht. Fehlzeiten und Fluktuation steigen weit über dem Durchschnitt.
1	Der Betriebsrat ist informiert. Kurzfristig ist die Überstundensituation hinzunehmen, eine Lösung ist aber in Sicht. Überstunden werden nach Tarif bezahlt. Fehlzeiten und Fluktuation steigen an.
2	Der Betriebsrat wird in die Entscheidung mit einbezogen. Der Druck auf die Mitarbeiter kann kurzfristig gesenkt werden. Überstunden sind jedoch weiterhin notwendig und werden tariflich entlohnt. Fehlzeiten und Fluktuation steigen leicht an.
3	Der Betriebsrat beteiligt sich an der Lösungsfindung. Ein bereits kurzfristiges wirkendes Gesamtkonzept vermittelt Vertrauen. Überstunden fallen weiterhin an. Fehlzeiten und Fluktuation liegen im langfristigen Durchschnitt.
4	Der Betriebsrat beteiligt sich an der Lösungsfindung. Die Lösung begeistert Geschäftsführung und Mitarbeiter gleichermaßen. Viele Überstunden fallen weg und die Lösung hat Strahlkraft über die Unternehmensgrenzen hinweg. Fehlzeiten und Fluktuationsrate fallen auf historische Tiefstände.

Maßstab für das Kriterium „Reibungslose Organisation"

Wert	Bedeutung
0	Die Urlaubsplanung kann nicht eingehalten werden. Die Wartungsintervalle für die Anlagen werden so massiv überzogen, dass der Hersteller damit droht, den Wartungsvertrag zu kündigen. Das Risiko eines Ausfalls liegt bei über 30%.
1	Einige Mitarbeiter können ihren Urlaub nicht nehmen. Aber der generelle Urlaubsplan bleibt intakt. Die Wartungsintervalle für die Anlagen werden massiv überzogen. Das Risiko eines Ausfalls liegt bei über 25%.
2	Der Urlaubsplan kann eingehalten werden. Die Wartungsintervalle werden teilweise recht deutlich überzogen. Das hat Auswirkungen auf die Wartungskosten. Der Hersteller verlangt ab jetzt höhere Servicegebühren.
3	Die Urlaubsplanung kann eingehalten werden und die Wartungsintervalle werden im Rahmen des technisch verträglichen überzogen.
4	Sowohl die Urlaubsplanung als auch die Wartungsintervalle werden eingehalten.

Bei der Bildung der Maßstäbe hat sich der Entscheider in diesem Beispiel immer wieder der Ergebnisse aus den drei Kontrollelementen bedient. Auf diese Weise verliert der Maßstab an Allgemeingültigkeit. Das ist erwünscht. Denn die Bewertungsmaßstäbe sollen sich am Bedarf der Situation orientieren.

In der Kombination Entscheidungskompass und Bewertungsmaßstab verfügen wir jetzt über eine große Klarheit bezüglich unseres Bedarfs.

3. Fragebogen zur Informationsrecherche

Fragt man einen beliebigen Mitarbeiter, was ihm am meisten fehlt, so lautet in 85 Prozent aller Fälle die Antwort "Zeit". Da sollten wir auch in unseren Entscheidungsprozessen darauf achten, nicht unnötig Zeit zu verschwenden. Genau das geschieht jedoch täglich.

Seit es das Internet gibt, sind Informationen schnell verfügbar. Aber oft scheint es endlos viele Informationen zu geben und die wenigsten sind wirklich relevant. Es ist schon etwas Besonderes, wenn Google zu einer Suchanfrage nur 100 oder weniger Fundstellen ausgibt. Als Folge häufen viele Entscheider einen Berg von Informationen an. Denn wer weiß, wozu es gut ist? Diese Frage können wir allerdings sehr gut beantworten, wenn wir unsere Entscheidungskriterien erarbeitet haben und für jedes einzelne einen eigenen Maßstab gebildet haben.

4. DEN EIGENEN BEDARF ERARBEITEN

Denn wir brauchen nur noch die Informationen über unsere Handlungsalternativen, die es uns erlauben, eine Bewertung mittels unserer Entscheidungskriterien vorzunehmen. Jede andere Information ist überflüssig. Denn sie findet keinen Eingang in unsere Entscheidung.

Dabei hat es sich bewährt, einen Fragebogen zu entwickeln, der nach den Fakten fragt, die wir wissen müssen. Einen solchen Fragebogen sehen wir im folgenden Abschnitt auf der Grundlage unseres Beispiels dargestellt.

Der Fragebogen

Allgemeine Informationen

Ziel
- Wann würde der Auftrag erledigt sein, wenn keine speziellen Maßnahmen eingeleitet würden?

Rentabilität
- Welche variablen Kosten fallen für einen Auftrag an, wenn er an der Kapazitätsgrenze mit vielen Überstunden erledigt wird?
- Welche Vollkosten entfallen für einen Auftrag an der Kapazitätsgrenze?

Kundenzufriedenheit
- Welche Aspekte beeinflussen die Kundenzufriedenheit?
- Was sind die Erwartungen der Kunden?
- Welcher Anteil der Terminzusagen gegenüber Kunden ist bereits jetzt gefährdet?

Qualität und Zuverlässigkeit
- Wie hoch ist die derzeitige Fehlerquote?
- Wie hoch ist der Anteil der verfehlten Terminzusagen in normalen Zeiten?
- Wie hoch ist die Fehlerquote in normalen Zeiten?

Mitarbeiterzufriedenheit
- Welche Interessen hat der Betriebsrat?
- In welchem Maße werden Überstunden heute tariflich entlohnt?
- Wie ist die Stimmung bei den durch Überstunden betroffenen Mitarbeitern?
- Wo liegt derzeit die Fehlzeitenrate?
- Wo liegt derzeit die Fluktuationsrate?
- Wo liegen die langfristigen Durchschnitte für Fehlzeiten- und Fluktuationsrate?

Reibungslose Organisation
- Wie sind die Wartungsintervalle derzeit terminiert?
- Werden die Wartungsintervalle bereits jetzt überzogen?
- Welche vertraglichen Regelungen enthält der Servicevertrag mit dem Hersteller?
- Welche Grenzen zieht der Repräsentant der Servicefirma im persönlichen Gespräch?
- Ist der Urlaubsplan bereits vollständig, oder gibt es Mitarbeiter, die ihren Urlaub noch nicht eingereicht haben?
- Welche Mitarbeiter wären durch den Heinze-Auftrag betroffen und wie sieht deren Urlaubsplanung aus?

Informationen über eine Entscheidungsalternative

Ziel
- Inwiefern sorgt die Alternative dafür, dass der Heinze-Auftrag pünktlich erledigt werden kann?

Rentabilität
- Wie hoch fallen die variablen Kosten im Rahmen dieser Alternative aus?
- Wie hoch fallen die Vollkosten im Rahmen dieser Alternative aus?

Kundenzufriedenheit
- Inwiefern trägt diese Alternative dazu bei, dass der Kunde Heinze zufrieden gestellt ist?
- Inwiefern trägt diese Alternative dazu bei, dass die Zufriedenheit aller übrigen Kunden weiterhin gewährleistet ist?

Qualität und Zuverlässigkeit
- Wie beeinflusst die Alternative die Einlösung von Terminzusagen gegenüber den Kunden?
- Wie beeinflusst die Alternative die Fehlerquote?

Mitarbeiterzufriedenheit
- Auf welche Weise ist der Betriebsrat an dieser Alternative beteiligt?
- In welchem Umfang fallen bei dieser Alternative Überstunden an und wie werden sie entlohnt?
- Was denken die Mitarbeiter über diese Alternative?
- Was denkt die Geschäftsführung über diese Alternative?
- Führt die Alternative zu einer höheren Belastung der Mitarbeiter?

Reibungslose Organisation
- Wie wirkt sich diese Alternative auf die Wartungsintervalle der Anlagen aus?
- Wie beeinflusst die Alternative die Urlaubsplanung der Mitarbeiter?

4. Checkliste

Hier eine kurze Checkliste, die wir im Rahmen unserer Bedarfsforschung abgearbeitet haben sollten:

- ☐ Ist das Ziel der Entscheidung bekannt?
- ☐ Ist der Entscheidungsauslöser bekannt?
- ☐ Wurden die drei Kontrollelemente erarbeitet?
- ☐ Gibt es gewichtete Entscheidungskriterien?
- ☐ Gibt es für jedes einzelne Entscheidungskriterium einen Maßstab?
- ☐ Sind alle Informationen bekannt, um eine Bewertung von Alternativen nach den Entscheidungskriterien durchführen zu können?

5. Der Problemfisch

Verschiedene Entscheider haben mich in der Vergangenheit darauf angesprochen, dass sie den Überblick verloren hätten. Sobald der Entscheidungskompass stand, verloren sie die drei Kontrollelemente aus den Augen.

Daraus haben wir den Problemfisch entwickelt. Insbesondere Qualitätsmanager kennen vermutlich bereits Ursache-Wirkungs-Diagramme, die auch als Fischgrät-Diagramme bezeichnet werden. Auf dieser Darstellung setzen wir auf und schaffen uns eine ganzheitliche Übersicht auf unser Entscheidungsproblem.

Die Anwendung des Problemfisches ist einfach. Im Schwanz-Bereich des Fisches benennen wir die Problemstellung und im Kopfbereich das Ziel. Die Gräten des Fisches bilden die Entscheidungskriterien ab. An jeder Gräte „hängen" die einzelnen Ergebnisse der drei Kontrollelemente, für die das Entscheidungskriterium der Oberbegriff ist.

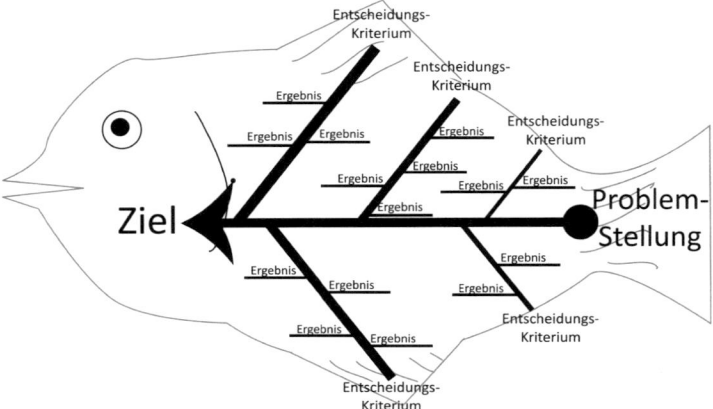

Der Problemfisch (schematisch)

Vielleicht ist Ihnen aufgefallen, dass die „Gräten" unterschiedlich lang und dick sind. Damit können wir die Gewichtung der einzelnen Entscheidungskriterien mit einbringen.

Für unser Beispiel könnte der Problemfisch so aussehen:

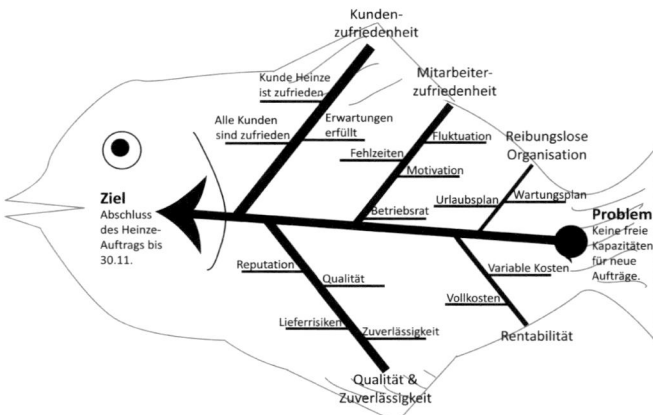

Problemfisch für das Beispiel

5. Alternativen

Wer seinen Bedarf genau kennt, hat meistens bereits gute Alternativen in Aussicht. Denn Klarheit schafft Möglichkeiten. Das beginnt beim Entscheider selbst, der mit einem offeneren Blick durch seine Umwelt geht und setzt sich bei Mitarbeitern und Kollegen fort, denen er jetzt sehr viel genauer mitteilen kann, wonach er sucht. Kein Vorgesetzter wird seine Mitarbeiter mehr mit dem Satz „überraschen Sie mich" in eine aussichtslose Delegation schicken.

Das schafft Motivation und Vertrauen, die Grundpfeiler guter Ideen. Anbieter von außen können zuverlässig kalkulieren und vor allen Dingen bedarfsgerecht anbieten. Da ergeben sich gute Alternativen fast wie von selbst. Allerdings gibt es auch die harten Problemfälle, bei denen die Lösung uns nicht in den Schoß fällt. Es ist kein Zufall, dass die erfolgreichen Entscheider den größten Teil ihrer Entscheidungszeit mit der Schöpfung neuer Alternativen verbringen.

Für diese Aufgabe ist Kreativität gefragt. Daher kennen die Leser meiner anderen Bücher bereits einige zuverlässige Kreativitäts-Methoden.

Ich halte mich an das Motto dieses Buches und stelle Ihnen einen besonders zeitsparenden Weg zur bedarfsgerechten Alternativenschöpfung vor. Die Grundidee dabei: Niemals mehr Zeit investieren als nötig.

Auch wenn viele Entscheider es oft nicht glauben mögen, es gibt zu jeder gegebenen Situation immer unendlich viele Entscheidungsalternativen. Viele davon mögen uns nicht gut genug sein, wie beispielsweise der Romaufenthalt in staatlicher Gastfreundschaft. Für andere mögen wir nicht gut genug sein. Letztere stehen uns persönlich nicht zur Verfügung, entweder weil wir sie nicht sehen oder weil uns die Ressourcen, wie Zeit, Geld, Menschen oder Kontakte dazu fehlen. Der Entscheider konzentriert sich daher am besten auf die bisher noch nicht gesehenen Alternativen.

Eine unendliche Anzahl potenzieller Alternativen impliziert, dass es immer noch weitere interessante Alternativen zu entdecken gibt. Daher beenden wir unsere Suche, sobald wir drei wertige Alternativen gefunden oder entwickelt haben.

Bei der systematischen Entwicklung neuer Alternativen gehen wir pragmatisch vor. In einem ersten Schritt beschäftigen wir uns mit den Alternativen, die sich quasi wie von selbst anbieten. Wenn uns das Ergebnis daraus reicht, brauchen wir nicht zwanghaft nach neuen Lösungen zu suchen.

Systematische Entwicklung neuer Alternativen

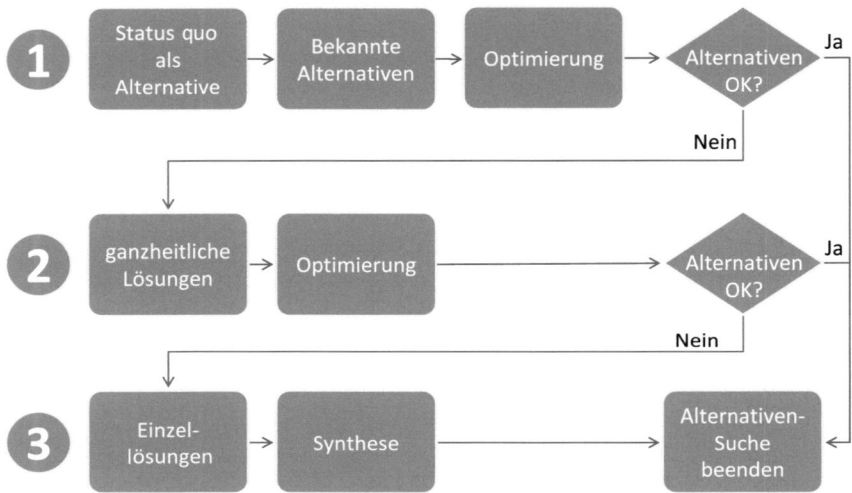

Ablaufschema Alternativenschöpfung

Sollten wir allerdings noch keine attraktiven Alternativen entwickelt haben, dann suchen wir in einem zweiten Schritt nach ganzheitlichen Lösungen, die unserem Problem gleich im ersten Wurf beikommen. Nur wenn auch dies nicht zum gewünschten Ergebnis führt, gehen wir in die dritte und letzte Runde. Diese führt immer zu Ergebnissen, kostet allerdings auch mehr Zeit und Arbeit als die beiden vorherigen Runden zusammen.

Schritt 1: Der konservative Ansatz

In jeder Entscheidung ist die Ausgangssituation die erste Alternative, die wir betrachten. Ändern wir nichts, ist das auch eine Entscheidung. Ich habe schon oft erlebt, dass der Status quo besser war als vieles, was der jeweilige Entscheider ernsthaft in Erwägung zog. Daher ist die Ausgangssituation der Mindeststandard, an dem sich alle neu geschaffenen Alternativen messen lassen müssen.

5. ALTERNATIVEN

Das ist die Ausgangslage: Unser Unternehmen arbeitet derzeit im Zwei-Schicht-Betrieb. Praktisch alle gewerblichen Mitarbeiter haben bereits große Überstunden-berge aufgetürmt. In der letzten Woche hat jeder dieser Mitarbeiter im Schnitt 48 Stunden gearbeitet. Aufgrund der hohen Arbeitsvorgaben kommt keiner mehr da-mit nach, Qualitätsfehler innerhalb seiner Schicht zu bearbeiten. Das machen die Mitarbeiter derzeit nach Ende der regulären Arbeitszeit. Alle Anlagen und Maschi-nen sind voll ausgelastet. In letzter Zeit steigen die Fehlzeiten und die Fluktuation hat ebenfalls zugenommen. Das Unternehmen arbeitet hoch rentabel, trotz der vie-len Überstunden. Denn der Betriebsleiter hatte vor Jahren eine beim Betriebsrat inzwischen ungeliebte Vereinbarung geschlossen, nach der für die Nachbearbei-tung von Qualitätsfehlern keine Überstundenzuschläge gezahlt werden.

Der Urlaubsplan für den Rest des Jahres steht fest und wird auch eingehalten werden. Die Termine über die turnusgemäße Wartung aller Anlagen sind mit dem Serviceunternehmen vereinbart und im Rahmen der Produktion eingeplant. Im In-teresse von Qualität und Liefertreue können ausschließlich Aufträge mit einem an-gepeilten Lieferdatum ab 10. Januar angenommen werden.

Aus der Situationsbeschreibung sehen wir, dass ohne eine neue Lösung der Heinze-Auftrag nicht bearbeitet werden kann.

Daher überlegen wir im Rahmen dieses Arbeitsschritts auch, welche „Standardal-ternativen" es gibt. In unserem Beispiel könnte das die Einführung einer dritten Ar-beitsschicht sein.

Mit der Hilfe von Leiharbeitern setzen wir eine dritte Schicht ein. Dabei vertei-len wir die Stammbelegschaft auf drei Schichten und die Lücken füllen wir durch Leiharbeiter auf. Vermutlich nimmt dabei die Qualitätsproblematik zu. Denn die Neuen müssen erst angelernt werden und verfügen nicht über die jahrelange Er-fahrung der Stammbelegschaft.

Standardalternativen gibt es in jeder Situation. Sie sind selten besonders inno-vativ, oft aber lassen sich mit diesen pragmatischen Ansätzen viele Probleme lö-sen. Leider sind sie selten deckungsgleich mit unserem individuellen Bedarf. Das drückt das Wort „Standard" ja auch schon aus. Daher nehmen wir uns jede Alter-native noch einmal vor, um sie bezüglich unseres Bedarfs eigens zu optimieren.

Optimierung von Alternativen

Unser Bedarf wird durch die drei Kontrollelemente perfekt wieder gegeben. Bei einer Optimierung stellen wir für jedes Ergebnis fest, wie unsere Alternative je-weils abschneidet und und wie sie optimiert werden könnte.

5. ALTERNATIVEN

In unserem Beispiel sieht die Optimierung daher folgendermaßen aus:

Optimierung einer Standardalternative

Kontrollelemente	Alternative	Optimierung
Alle Kunden sind zufrieden	Möglicherweise gibt es Einschränkungen in der Lieferbereitschaft.	Ein Mitarbeiter übernimmt die Rolle des Dispatchers, damit alle Aufträge pünktlich ausgeliefert werden.
Erwartungen der Kunden werden erfüllt	Potenzielle Zunahme der Qualitätsprobleme.	Ein Qualitätsingenieur wird eingestellt, der für mehr Qualität sorgen soll.
Keine Zunahme der Fluktuation	Die Arbeitsbelastung nimmt nicht ab. Das frustriert viele Mitarbeiter.	Die Qualitätsnachsorge wird ausschließlich von Leiharbeitern geleistet. Dadurch nehmen die Überstunden ab.
Keine Zunahme der Fehlzeiten	Die Arbeitsbelastung macht viele Mitarbeiter anfällig für Krankheiten.	Hier greift die gleiche Optimierung, wie im Punkt „Fluktuation".
Motivation	Die Einstellung von Leiharbeitern verändert nichts an dem Grundproblem. Das demotiviert viele Mitarbeiter.	Hier greift die gleiche Optimierung, wie im Punkt „Fluktuation".
Betriebsrat	Die vor langer Zeit abgeschlossene Vereinbarung zur Nachsorge von Qualitätsmängeln sorgt für ein schlechtes Klima mit dem Betriebsrat.	Hier greift die gleiche Optimierung, wie im Punkt „Fluktuation".

5. ALTERNATIVEN

Kontrollelemente	Alternative	Optimierung
Urlaubsplan	Der Urlaubsplan wird eingehalten.	Keine Optimierung notwendig.
Wartungsplan	Die turnusgemäße Wartung wird verschoben werden müssen. Damit könnte das Service-Unternehmen nicht einverstanden sein.	Nach einem Gespräch mit dem Service-Unternehmen haben wir das OK dafür.
Rentabilität	Eine dritte Schicht erhöht zwar wegen der Schichtzuschläge die variablen Kosten pro Auftrag, aber dies wird durch die höhere Auslastung der Anlagen aufgewogen.	Keine Optimierung notwendig.
Zuverlässigkeit	Die Lieferfähigkeit könnte leiden.	Hier greift die gleiche Optimierung wie bei „alle Kunden sind zufrieden".
Qualität	Das Qualitätsproblem könnte zunehmen.	Hier greift die gleiche Optimierung wie bei „Erwartungen der Kunden werden erfüllt".
Reputation	Wenn sowohl Qualität als auch Lieferfähigkeit leiden, dann könnte das für einen schlechten Ruf sorgen.	Maßnahmenplan bei Qualitätsmängeln. Zum Beispiel entschuldigt sich die Geschäftsführung unmittelbar bei dem Kunden und gewährt ihm einen Rabatt bei der nächsten Lieferung.
Lieferrisiken	Es gibt Risiken, die unsere Lieferfähigkeit bedrohen.	Hier greift die gleiche Optimierung wie bei „alle Kunden sind zufrieden".

Wir arbeiten systematisch unseren Bedarf in die Standardalternative ein. Im Ergebnis finden wir am Ende eine für uns hoch attraktive Alternative, mit der wir bereits einiges anfangen können.

Allerdings sind wir damit leider noch nicht am Ende. Denn für eine gute Entscheidung brauchen wir zumindest drei Alternativen. Wir müssen uns also noch zweit weitere attraktive Alternativen schaffen. Notfalls kann eine davon auch unsere Ausgangssituation sein. Doch das kommt hier nicht in Frage, denn dann müssten wir den Auftrag von Kunde Heinze ablehnen. Da wir ihm bereits zugesagt haben, bleibt uns nur, das Kapazitätsproblem zu lösen.

Schritt 2: Ganzheitliche Lösungen

Aus der Kognitionsforschung wissen wir, unser Gehirn arbeitet auch dann an einer Lösung für ein Problem, wenn wir selbst es nicht bewusst tun. Deshalb kommen uns die besten Einfälle oft auch unter der Dusche oder beim Zähneputzen. In zahlreichen Experimenten wurde nachgewiesen, dass die Versuchspersonen regelmäßig komplizierte Rätsel lösen konnten, ohne bewusst nach der Lösung zu suchen. Voraussetzung ist allerdings, dass die Probanden die Aufgabe vollständig verstanden hatten.

Dafür müssen wir nicht mehr sorgen. Denn das ist bereits der Fall, wenn wir an diesem Punkt angekommen sind.

Wir haben die Entscheidungssituation mit unserem Bedarf durch den Problemfisch vollständig beschrieben und uns im letzten Arbeitsschritt noch einmal mit der Ausgangssituation befasst.

Wenn sich also keine neuen Alternativen bei der bewussten Beschäftigung mit dem Problem ergeben, sollten wir der Sache ein wenig Zeit geben und uns mit anderen Arbeiten beschäftigen. Es reicht dann schon aus, wenn wir uns zumindest einmal am Tag die Entscheidungssituation vor Augen führen. Der Zeitaufwand dafür beträgt nicht mehr als zehn Minuten. Das reicht meistens schon, unbewusste Problemlösungsprozesse in Bewegung zu setzen. Probieren Sie es aus. Ich bin mir sicher, die Ergebnisse werden Sie begeistern!

Die so gefundenen Alternativen optimieren wir, wie im letzten Schritt. Wenn wir danach drei oder mehr attraktive Alternativen entwickelt haben, können wir den Prozess an dieser Stelle abbrechen. Wenn nicht, steigen wir in die Problemlösung durch Synthese ein.

Schritt 3: Problemlösung durch Synthese

Hinter dieser Methode steckt die Überlegung, dass es oft einfacher ist, eine einzelne isolierte Aufgabe zu lösen, als eine Serie von Aufgaben mit einer einzelnen komplexen Lösung.

Wieder orientieren wir uns an den Ergebnissen aus unseren drei Kontrollele-

5. ALTERNATIVEN

menten und suchen für jedes einzelne eine probate Lösung. Ziel wird es später sein, möglichst viele dieser Teillösungen zu einer Gesamtlösung zusammenzusetzen. Da einige der gefundenen Lösungsansätze sich ausschließen, müssen wir für jedes Teilproblem mindestens drei unterschiedliche Lösungen finden.

Nr	Teilproblem	Lösung 1	Lösung 2	Lösung 3
A	Kunde Heinze ist zufrieden. Sein Auftrag wird rechtzeitig in der gewünschten Qualität ausgeliefert.	Heinzes Auftrag wird anderen Kunden vorgezogen.	Ein anderer Hersteller übernimmt den Auftrag für uns.	Wir stellen einen Qualitätsspezialisten ein, der die Qualitätsnachsorge überflüssig macht und so Kapazitäten frei macht.
B	Erwartungen der Kunden werden erfüllt	Wir stellen neue Mitarbeiter ein. Alle Aufträge werden rechtzeitig erledigt.	Wir stellen einen Qualitätsspezialisten ein, der die Qualitätsnachsorge überflüssig macht und so Kapazitäten frei macht.	Wir sprechen mit jedem Kunden, um herauszufinden, wann sie die Lieferung tatsächlich benötigen und steuern die Aufträge entsprechend um.
C	Keine Zunahme der Fluktuation	Wir entlohnen alle Überstunden nach Tarif.	Wir sorgen durch eine klare Personalpolitik dafür, dass mittelfristig keine exzessiven Überstunden mehr anfallen.	Wir lassen einmal wöchentlich ein Massage-Team kommen, um den Mitarbeitern etwas Gutes zu tun.
D	Keine Zunahme der Fehlzeiten	Wir lassen die Arbeitsbedingungen von einem Spezialisten verbessern, sodass die Gesundheit der Mitarbeiter weniger belastet ist.	Wir besuchen Mitarbeiter, die sich durch überdurchschnittliche Fehlzeiten auszeichnen zuhause.	Wir sorgen durch eine klare Personalpolitik dafür, dass mittelfristig keine exzessiven Überstunden mehr anfallen.

5. ALTERNATIVEN

Nr	Teilproblem	Lösung 1	Lösung 2	Lösung 3
E	Motivation	Wir beteiligen die Mitarbeiter am Betriebsgewinn.	Wir holen einen Motivationstrainer, der unsere gewerblichen Mitarbeiter einmal so richtig motivieren soll.	Wir wählen einmal monatlich auf der Grundlage der Überstundenkonten den Mitarbeiter des Monats, der eine Gratifikation erhält.
F	Betriebsrat	Wir bezahlen freiwillig Tariflöhne bei Überstunden, die aufgrund der Qualitätsmängel anfallen.	Wir binden den Betriebsrat bei den Überlegungen ein, wie mit der Überlastungssituation umgegangen werden soll.	Wir beauftragen den Betriebsrat, zusammen mit den Mitarbeitern einen Lösungsvorschlag zu erarbeiten.
G	Urlaubsplan	Wir bieten den Mitarbeitern an, sich Teile ihres Urlaubs auszahlen zu lassen.	Wir stellen Zeitarbeitskräfte ein, um die Urlaubzeiten der Mitarbeiter zu überbrücken.	Wir stellen neue fest angestellte Arbeitskräfte ein. Sie werden anfänglich als Urlaubsvertretungen eingesetzt.
H	Wartungsplan	Wir bitten das Serviceunternehmen, neue Ideen auszuarbeiten, wie die Störung der Produktion durch die Wartungsarbeiten minimiert werden kann.	Wir bringen bei dem Serviceunternehmen den letztmöglichen Wartungstermin in Erfahrung.	Wir bringen in Erfahrung, wo unser größter Engpass im Bereich der Wartung liegt und mieten für ein Jahr eine zusätzliche Anlage.
I	Rentabilität	Wir stellen einen Qualitätsspezialisten ein, der die Qualitätsnachsorge überflüssig macht und so Kapazitäten frei macht und die Rentabilität steigert	Wir fangen die Überstunden durch preiswerte Zeitarbeitskräfte auf.	Wir erhöhen unsere Preise. Denn angesichts der Auslastung haben wir wohl zu niedrige Preise.

5. ALTERNATIVEN

Nr	Teilproblem	Lösung 1	Lösung 2	Lösung 3
J	Zuverlässigkeit	Wir stellen zusätzliche Zeitarbeitskräfte ein.	Wir stellen zusätzliche fest angestellte Mitarbeiter ein.	Wir beschäftigen zusätzlich einen Dispatcher, der Aufträge mit gefährdetem Liefertermin betreut.
K	Qualität	Wir stellen einen Qualitätsspezialisten ein, der die Qualitätsnachsorge überflüssig macht.	Wir lassen zusätzliche Zeitarbeitskräfte die Qualität überprüfen und nacharbeiten.	Wir lassen unser Unternehmen nach ISO 9000 zertifizieren.
L	Reputation	Ein neuer Kundenbetreuer macht unzufriedene Kunden wieder glücklich.	Wir engagieren eine PR-Agentur, um unser Image aufzupolieren.	Wir sprechen regelmäßig mit unseren Kunden über Verbesserungsmöglichkeiten.

Manche der Lösungen schließen sich gegenseitig aus. Wir erstellen daher eine Matrix, um festzustellen, welche der Lösungsansätze zueinander kompatibel sind.

Kompatibilitätsmatrix der jeweiligen Einzellösungen zueinander

5. ALTERNATIVEN

Die Matrix sieht auf den ersten Blick einschüchternd aus. Tatsächlich ist sie aber ganz einfach zu erstellen. Für jeden Bedarfsaspekt (A - L) gibt es drei Lösungen (1, 2, 3), die wir erarbeitet haben. Wir müssen jetzt nur noch herausfinden, welche der Teillösungen miteinander harmonieren und welche nicht. Daher verwenden wir zwei Symbole. Der lachende Smiley bedeutet, „das geht gut zusammen", während der traurige Smiley anzeigt, dass die beiden Lösungen nicht miteinander harmonieren.

Gelesen wird die Kompatibilitätsmatrix zeilenweise. Zum Beispiel lassen sich die Teillösung A3 (Wir stellen einen Qualitätsspezialisten ein, der die Qualitätsnachsorge überflüssig macht und Kapazitäten frei macht) und B1 (wir stellen neue Mitarbeiter ein. Alle Aufträge werden rechtzeitig erledigt) nicht gut miteinander kombinieren, da der Qualitätsspezialist die Ursache für die Mehrarbeit behebt und daher keine weiteren Einstellungen getätigt werden müssen.

Die Matrix zeigt uns, dass es relativ wenig inkompatible Lösungen gibt. Der Entscheider stellt sich dann aus den zueinander passenden Einzellösungen seine eigene Gesamtlösung zusammen.

Dabei gilt: Weniger ist mehr. Wenn einzelne Teillösungen auch andere Probleme mitlösen, können wir es bei der einfacheren Lösung belassen.

Im ersten Schritt suchen wir die beste Einzellösung heraus, mit der vorzugsweise möglichst viele Aspekte unseres Bedarfs abgedeckt werden können. Dazu kombinieren wir weitere Einzellösungen, die dazu kompatibel sind. Oft reicht es dann, einige wenige Einzellösungen zu kombinieren, um eine neue Alternative für unsere Entscheidung zu erhalten.

In unserem Beispielfall müssen wir lediglich den Qualitätsspezialisten einstellen, um damit die hohe Zahl der Überstunden bei der Nachbearbeitung der Qualitätsmängel zu senken. Wenn gleichzeitig der Betriebsrat noch mit an Bord geholt wird, haben wir eine weitere attraktive Alternative. Diese muss im Übrigen nicht mehr optimiert werden, da wir dies bereits durch die Auswahl der richtigen Teillösungen erledigt haben.

Nicht immer wird es derart starke Einzellösungen geben. Dann müssen wir eine große Anzahl von Lösungen zu einer Gesamtlösung kombinieren.

Der letzte Schritt kostet relativ viel Zeit. Aber er führt zuverlässig zu neuen Alternativen und geht trotzdem meist genügsamer mit unserer Zeit um, als die üblichen Kreativitätsmethoden.

6.　Entscheidungen treffen

Wir kennen unseren Bedarf und haben uns attraktive Alternativen geschaffen. Manch einer wird sich vermutlich denken, dass dann wenig mehr bleibt, als eine Entscheidung zu treffen. Das können Sie natürlich gerne machen. Allerdings kann es Ihnen je nach Ihrer Position und Situation passieren, dass Ihnen ein kalter Gegenwind ins Gesicht bläst. Denn Entscheidungen schaffen Tatsachen. Einige Menschen in unserer Umgebung werden sich davon betroffen fühlen. Vielleicht sind andere wiederum überrascht, auf deren Hilfe wir angewiesen sind. Sie könnten die richtige Kommunikationskultur vermissen.

Wir sollten uns daher vor jeder Entscheidung die notwendige Unterstützung besorgen. Vor der Entscheidung ist es immer leichter als danach, weil wir noch über Möglichkeiten und Ziele sprechen können und nicht über negative Auswirkungen auf unseren Gesprächspartner.

Doch wie wir uns die größtmögliche Unterstützung für die Umsetzung unserer Entscheidungen schaffen, ist nicht Thema von "Sparen ohne Opfer". Das können Sie in meinen anderen Büchern nachlesen. Hier an dieser Stelle wollen wir stattdessen über den Moment der Entscheidung sprechen.

Bisher haben wir den eigenen Bedarf mittels des Entscheidungskompasses erarbeitet, Bewertungsmaßstäbe aufgestellt und neue attraktive Alternativen entwickelt. Alles das haben wir getan, um an dieser Stelle zu stehen und eine Entscheidung zu treffen.

6.1 Entscheiden – intuitiv oder bewusst?

Natürlich haben wir bisher vieles getan, das einer bewusst strukturierten Entscheidung dienen könnte. Gleichzeitig muss auch den intuitiven Entscheidern klar sein, dass wir ohne eine genaue Kenntnis unseres Bedarfs nicht systematisch neue, attraktive Alternativen schaffen können.

Ich kenne beide Entscheidertypen sehr gut. Wenn Sie bisher mitgearbeitet haben, wird sich die Qualität Ihrer Entscheidungen kaum von Ihrem Typ abhängen. Unsere Intuition nutzt einen großen Umfang von Informationen, ohne dass uns das bewusst ist. Durch unsere Arbeit mit unserem Bedarf und an neuen Alternativen haben wir die Informationsbasis für unsere Intuition vergrößert. Der bewusst strukturierte Entscheider konzentriert sich dagegen auf die für die Entscheidung relevanten Informationen. Am Ende kommen beide Entscheider zu ähnlichen Ergebnissen, weil es nur auf die entscheidungsrelevanten Informationen ankommt.

Der intuitive Entscheider realisiert allerdings einen Zeitvorteil. Der bewusst strukturierte Entscheider kann dagegen seine Entscheidungen nach außen besser begründen. Entscheiden Sie selbst, welcher Typus für Sie richtig ist und bleiben Sie dabei.

Für den strukturierten Entscheider zeige ich allerdings noch, wie er mittels der Nutzwertanalyse systematisch zu seinem Entscheidungsergebnis kommt.

1 Nutzwertanalyse

Die Nutzwertanalyse geht davon aus, dass unsere Entscheidung sowohl auf objektiv messbaren wie auch nicht messbaren Kriterien beruht. Der Entscheider kann daher keinen einheitlichen Maßstab, wie z.B. Geld ansetzen. Das trifft für die meisten Entscheidungen zu.

Die Kriterien geben für den Entscheider wieder, welche Aspekte in der Entscheidungssituation Nutzen versprechen. Da nicht alle Aspekte gleich viel Nutzen bringen, gewichtet der Entscheider sie nach ihrer Bedeutung. Das alles haben wir bereits mit Hilfe des Entscheidungskompasses in Kapitel 3 realisiert. Im nächsten Schritt braucht der Entscheider einen Maßstab, mit dessen Hilfe er einschätzen kann, inwieweit eine Alternative seine Entscheidungskriterien erfüllt. Auch diesen Maßstab haben wir bereits in Kapitel 3 erarbeitet.

Daher bleibt uns an dieser Stelle nur noch, unsere Entscheidungsalternativen zu bewerten und den jeweiligen Nutzwert für uns zu errechnen.

In unserer Beispielentscheidung haben wir bisher zwei Alternativen entwickelt. Da eine gute Entscheidung erst ab drei Alternativen beginnt, nehmen wir noch eine dritte Alternative mit auf.

Alternative 1	Dreischichtbetrieb mit Leiharbeitern.
Alternative 2	Einstellung eines Qualitätsspezialisten und verstärkte Zusammenarbeit mit dem Betriebsrat.
Alternative 3	Der Heinze-Auftrag wird an einen Lohnfertiger weiter gegeben.

Zunächst bewerten wir für jedes einzelne Entscheidungskriterium, in welchem Maß jede der drei Alternativen die Anforderungen erfüllt. Den Maßstab dafür haben wir in Kapitel 3 gebildet. Für das Kriterium Mitarbeiterzufriedenheit ergeben sich zum Beispiel für Alternative 1 der Wert „1“, für Alternative 2 der Wert „2“ und für Alternative 3 der Wert „0“. Das machen wir für alle Entscheidungskriterien und Alternativen (siehe Abbildung). Die ermittelten Bewertungen sind allerdings noch ungewichtet. Dazu multiplizieren wir diese Werte mit den Gewichtungen der jeweiligen Kriterien. Doch Vorsicht! Hätten wir eine Gewichtung von „0“, kämen die unterschiedlichen Alternativen-Bewertungen für ein Kriterium nicht zum Tragen. Denn 0×1 ergibt 0, genauso wie 0×4 ebenfalls 0 ergibt. Daher addieren wir vorab zu jeder einzelnen Gewichtung ein Grundniveau von „1“ dazu. Daher steht in der Spalte Gewichtung immer „1 + Gewichtungswert aus dem Entscheidungskompass = Gewichtung“.

Entscheidungsmatrix		Alternative 1		Alternative 2		Alternative 3	
Entscheidungskriterien	Gewichtung	ungew.	gew.	ungew.	gew.	ungew.	gew.
Kundenzufriedenheit	1 + 4 = 5	3	15	4	20	3	15
Mitarbeiterzufriedenheit	1 + 2 = 3	1	3	2	6	0	0
Reibungslose Organisation	1 + 0 = 1	3	3	4	4	3	3
Rentabilität	1 + 1 = 2	3	6	3	6	2	4
Qualität & Zuverlässigkeit	1 + 3 = 3	2	6	4	12	1	3
	Summe		33		48		25

Entscheidungsmatrix: Alternative 2 gewinnt

Die gewichteten Ergebnisse (graue Spalte) können wir dann für jede einzelne Alternative summieren und kommen somit zum Nutzwert der jeweiligen Entscheidungsalternative (Summe). Im dargestellten Beispiel gewinnt Alternative 2 mit 48 Punkten vor Alternative 1 mit 33 Punkten.

7. Alltagsentscheidungen

Das durchgängige Beispiel über den Kapazitätsengpass ist gut nachvollziehbar. Deshalb haben wir es auch verwendet, um die verschiedenen Werkzeuge für bedarfsgerechte Entscheidungen kennenzulernen.

Das größte Potenzial für „Sparen ohne Opfer" finden wir allerdings in unseren ganz alltäglichen Entscheidungen, an die wir kaum einen Gedanken verschwenden. Zum Beispiel:

- In einem Meeting, bei dem mehr als zehn Teilnehmer zwei Stunden zusammensitzen, obwohl die wirklich erforderlichen vier Personen alles Wichtige in 45 Minuten hätten klären können.
- Das größte Problem beim Zeitmanagement wird allgemein darin gesehen, dass seine Nutzer Schwierigkeiten haben, Prioritäten zu setzen.
- Viele merken nach einer Unterredung, dass sie die wichtigsten Punkte nicht angesprochen haben.
- Ein Kunde möchte sich plötzlich mit uns treffen, aber wir haben schon einen seit Wochen feststehenden Termin mit einem Lieferanten.
- Nach einer Verhandlung über ein gemeinsames Projekt, findet ein Abteilungsleiter, dass er von der anderen Seite "über den Tisch gezogen" wurde. Vor der Verhandlung war er „für alle Möglichkeiten offen". Die andere Seite wusste hingegen genau, was sie erreichen wollte und hat sich daher durchgesetzt.
- Eine Delegation geht völlig schief, weil der Chef dem Mitarbeiter nicht genau mitgeteilt hatte, was er wollte. „Überraschen Sie mich", waren seine Worte.
- Ein Verkäufer geht jeden Tag zu seinen Kunden und macht doch kaum nennenswerte Abschlüsse. Denn er macht keine Unterschiede zwischen Kundenbedarf und warmem Kaffee.
- Ein Kunde wundert sich. Er will eigentlich nur eine einfache Auskunft über sein Produkt. Da der Kundendienst ihn aber am Telefon nicht zugehört hat, steht jetzt ein Servicemitarbeiter samt Auszubildenden in seiner Firma und kann die Frage auch nicht beantworten.
- Ein Dienstleistungsunternehmen setzt während der Arbeitszeit so viele Meetings an, dass die Mitarbeiter ihre Arbeit nicht mehr schaffen können. Die Folge: Neue Mitarbeiter werden eingestellt.

- Kommunikation – wann schreiben wir einen Geschäftsbrief, wann eine E-Mail, wann telefonieren wir und wann treffen wir uns persönlich? Die Antwort für die meisten Menschen: E-Mail, E-Mail und E-Mail und sie verschwenden damit gleich auch die Zeit der zahlreicher auf CC gesetzten Vorgesetzten, Kollegen, Mitarbeiter und Partner.
- …

Es liegt in unserer Macht, zumindest in unserem Wirkungskreis diese Verschwendung durch bedarfsgerechte Entscheidungen zu reduzieren. Denn was haben alle diese Beispiele gemeinsam? Der Entscheider kennt seinen Bedarf nicht. Daher sind seine Lösungen verschwenderisch.

Müssen wir dann bei jeder Kleinigkeit einen Entscheidungskompass erstellen? Ja und nein! Denn auch vor dem Entscheidungskompass gab es schon Menschen, die sehr genau wussten, was sie wollen. Wer eine Zeit lang mit diesem Trainingsinstrument gearbeitet hat, der wird es nicht mehr brauchen.

Nach einiger Zeit werden wir automatisch in jeder Situation sagen können, was unser Ziel ist, welche Ergebnisse wir uns wünschen, was wir aus der derzeitigen Situation beibehalten wollen und was wir um jeden Preis vermeiden wollen.

Für die meisten Situationen reicht uns das aus. Ich behaupte, jeder von uns merkt selbst, wann er darüber hinaus Entscheidungskriterien bilden und diese gewichten sollte.

Umsetzungsprogramm

Der Alltag ist gefährlich, weil wir ihn wie in einem Programm durchlaufen. Es ist nicht selbstverständlich, dass wir immer daran denken, unseren Entscheidungskompass zu erstellen.

Nach Jahren des Coachings kenne ich jetzt allerdings das Erfolgsgeheimnis. Wer es schaffen will, muss ansetzen, bevor sein Tagesprogramm angelaufen ist.

Schritt 1: Entscheidungskompass für den Tag

Wir beginnen damit, direkt nach dem Aufstehen einen Entscheidungskompass für den vor uns liegenden Tag zu erstellen. Dazu wird sich niemand zwingen müssen, denn eigentlich ist es doch ganz selbstverständlich, sich am Anfang des Tages darüber klar zu werden, was unsere Ziele sind, was wir erreichen wollen, was wir bewahren wollen und was wir unbedingt dabei vermeiden wollen, oder nicht?

Schritt 2: Entscheidertagebuch

Das ist schon einmal ein guter erster Schritt. Wir können unseren Erfolg noch einmal vergrößern, wenn wir die Ergebnisse unseres Entscheidungskompasses in ein Tagebuch eintragen. Ein Notizbuch reicht dafür aus. Wir denken dabei an den vor uns liegenden Tag, an unsere Termine und Aufgaben und überlegen uns, wie wir die Erkenntnisse aus unserem Entscheidungskompass leben werden. Das alles braucht nicht mehr als zehn Minuten. Dafür sparen wir vermutlich zwei Stunden und mehr über den Tag ein. Ich denke, das ist ein gutes Geschäft.

Schritt 3: Mentaltraining

Der dritte Schritt ist optional. Denn erfahrungsgemäß machen ihn nur echte Erfolgsmenschen, die sich nicht mit halben Sachen zufriedengeben: Mentaltraining.

Wie ein Leistungssportler entspannen wir uns für einige Minuten bei sanfter Musik und stellen uns bildlich vor, wie wir die einzelnen Herausforderungen des Tages meistern und regelmäßig unseren Entscheidungskompass erstellen. Damit ergänzen wir das Alltagsprogramm um ein eigenes Erfolgsprogramm. Wir müssen uns dann nicht mehr dazu anhalten, den Entscheidungskompass zu erstellen, nachdem wir dank des Tagesbuches daran gedacht haben.

Nein, wir machen es automatisch, ohne einen weiteren Gedanken daran verschwenden zu müssen. Es versteht sich von selbst, dass es genau jene entschlossenen Erfolgsmenschen sind, die nach kürzester Zeit den Entscheidungskompass so intus haben, dass sie ihn nicht mehr schriftlich ausarbeiten müssen.

Schritt 4: Standortbestimmung

Nachdem wir dann unseren Alltag bestens bewältigt haben, fehlt nur noch der vierte und damit abschließende Schritt. Wir nehmen wieder unser Entscheidertagebuch zur Hand und bewerten den Tag, inwiefern es uns gelungen ist, das umzusetzen, was wir zu seinem Beginn geplant haben. Wenn alles so gelaufen ist, wie wir das wollten, dann ist das wunderbar und wir sollten uns selbst für einen kurzen Moment feiern. Wenn es nicht so gut gelaufen ist, dann denken wir darüber nach, woran es wohl gelegen hat und nehmen uns vor, es am nächsten Tag besser zu machen.

Mit dieser kleinen Struktur nehmen wir es selbst mit dem mächtigsten Alltagsprogramm auf und können innerhalb kürzester Zeit unsere neuen Erfolge feiern.

Ein Beispiel

Franz Meyer ist Personalmanager in einem großen Konzern. Sein Tag ist zum großen Teil bereits festgelegt:

Er wird heute zwei Einstellungsinterviews mit neuen Kandidaten für eine Stelle führen. Er nimmt an einem Meeting mit seinem Chef teil, in dem es um potenzielle Einsparmöglichkeiten gehen wird. Danach trifft er sich mit dem Leiter einer Büroabteilung, um mit ihm das Anforderungsprofil für eine neue Stelle zu erarbeiten. Danach empfängt er den Leiter eines Trainingsinstituts, um mit ihm über ein internes Qualitätsmanagement-Seminar zu verhandeln. Daneben hat er noch einen kleinen Berg von Akten abzuarbeiten, der sich um diese Jahreszeit immer auf seinem Schreibtisch auftürmt.

Meyers Entscheidungskompass

Am Morgen, direkt nach dem Aufstehen erstellt Meyer seinen Entscheidungskompass für den Tag. Dabei greift er auf die Inhalte vom Vortag zurück und ergänzt, was an diesem Tag für ihn noch wichtig ist. Alle langfristigen Aspekte verwendet er dagegen weiter. Sie ändern sich nicht.

Ziele
- Ich begeistere meine internen Kunden, indem ich ihre Erwartungen übertreffe.
- Bis zum 31.12.2009 bin ich zum Abteilungsleiter befördert worden.
- Ich lerne heute etwas Neues dazu.
- Ich überrasche meine Frau positiv.

Entscheidungsauslöser und inspirierende Frage
Diese Punkte haben im Entscheidungskompass für den Tag keine Funktion

Gewünschte Ergebnisse
- Ich verbessere meine Reputation
- Ich selektiere die richtigen Leute für die richtigen Jobs
- Ich entscheide bedarfsgerecht
- Ich treffe meine Entscheidungen auf der Grundlage von Fakten

Status quo Ergebnisse
- Zeit für meine Frau und Familie
- Gesundheit
- Gutes Verhältnis zu Vorgesetzten und Kollegen

Unerwünschte Ergebnisse
- Falsche Einstellungsempfehlungen
- Zu wenig Zeit für die Menschen
- Weitere Aktenberge
- Überstunden aus Gruppenzwang
- Wiederholung vergangener Fehler

Tagebucheintrag

Bisher hat Meyer Schritt 1 von insgesamt vier Schritten erledigt. Auf der Grundlage des ihm bereits bekannten Tagesprogramms und seines Entscheidungskompasses überlegt er sich anschließend in seinem Tagebuch, wie er diesen Tag gestalten will:

Am Morgen
Bezogen auf meinen Entscheidungskompass sehe ich heute meine Schwerpunkte in den beiden Interviews mit den Kandidaten und das Meeting mit meinem Chef.

Die Kandidateninterviews: Hier möchte ich insbesondere auf die Bedarfsgerechtigkeit achten. Übersteigerte Anforderungen führen nur zu hohen Gehaltsforderungen. Letztlich zählt nur, dass der richtige Mann am richtigen Platz sitzt.

Das Meeting mit meinem Chef werde ich gut vorbereiten, sodass meine Vorschläge Hand und Fuß haben. Das nutzt meiner Reputation und letztlich auch meinem Ziel, befördert zu werden.

Bei dem Meeting mit dem Leiter des Trainingsinstituts halte ich die Augen offen, um Neues für meinen Beruf zu lernen.

Am Abend

Meine Vorschläge sind beim Chef gut angekommen. Trotzdem hat es mich nicht so vorangebracht, wie ich mir das eigentlich wünsche. Viel besser wäre es gewesen, ich wäre mit den Vorschlägen proaktiv auf ihn zugekommen, anstatt es erst im Meeting auf Nachfrage zur Sprache zu bringen.

Der Fokus auf Bedarf hat mir bei den Interviews sehr genutzt. Ohne ihn hätte ich eine Empfehlung für Kandidat Zwei ausgesprochen, weil er so viele Zusatzqualifikationen hat. Aber Kandidat Eins entspricht genau dem, was wir gemeinsam geplant haben. Daher wird er den Job bekommen.

In dem Trainingsinstitut habe ich für mich mitgenommen, dass Halbtagstrainings derzeit im Trend liegen.

Eine lohnende Arbeit

Der Entscheidungskompass von Franz Meyer ändert sich von Tag zu Tag nur in wenigen Positionen. So wird er das Ziel einer Beförderung bis zu seiner Realisierung beibehalten. Seine Familie wird ihm auch genauso wichtig sein, ebensowenig wird seine Abneigung für sinnlose Überstunden verschwinden.

Das hat einen klaren Vorteil. Wir müssen unseren Entscheidungskompass nicht jeden Morgen "neu erfinden", sondern lediglich die langfristigen Positionen überprüfen und die kurzfristig wichtigen Aspekte aufnehmen.

Vermutlich wird es dem einen oder anderen am Anfang schwer fallen, einen eigenen Entscheidungskompass zu erstellen. Das sollte uns aber nicht davon abhalten. Denn am Ende sparen wir ja nicht nur ein paar Euro ein. Mit jeder Entscheidung haben wir unseren eigenen Erfolg in der Hand. Denn alles was wir heute erreicht haben bzw. nicht erreicht haben, geht auf unsere Entscheidungen der Vergangenheit zurück.

Nach einer kurzen Einübungszeit wird es uns ohnehin ganz natürlich vorkommen, zu jeder Gelegenheit genau zu wissen, was wir wollen. Es lohnt sich also.

8. Der Entscheidercoach

 Dipl-Kfm. Kai-Jürgen Lietz ist Geschäftsführer der Fa. Domain of Excellence e.K. in Bad Homburg. Er hat sich auf das Coaching von Entscheidern spezialisiert. Dabei begleitet er seine Kunden durch schwierige Entscheidungen oder coacht sie, generell professionelle Entscheidungen praxisgerecht zu treffen.

Seine Kunden sind Unternehmer, sowie Fach- und Führungskräfte aus den verschiedensten Branchen. Bevor er sich 2004 auf Entscheidungen spezialisierte, war er über zehn Jahre als Berater in den unterschiedlichsten Unternehmen und Positionen tätig, zuletzt beim Beratungsspezialisten für den Handel Wincor-Nixdorf Retail Consulting als Senior Consultant. Er ist seit 12 Jahren glücklich mit einer Südafrikanerin verheiratet, einer erfolgreichen Managerin im PR-Bereich.

Er ist Autor der beim Carl Hanser Verlag erschienen Bücher "Das Entscheider-Buch – 15 Entscheidungsfallen und wie man sie vermeidet" und "Die Entscheider-Bibel", sowie der Erfinder des Entscheidungskompasses, einem Management-Werkzeug für Entscheider.

Daneben verfasste er noch das Kurzbuch "Sparen ohne Opfer – mit Alltagsentscheidungen gewinnen".

Mit dem manager magazin zusammen hat er einen Online-Test für Entscheider entwickelt, den unter www.entscheidertest.de inzwischen über 1 Mio. Entscheider aufgesucht haben. Sein Fachweblog (www.entscheiderblog.de) enthält über 400 Fachbeiträge und zieht monatlich ca. 40.000 Leser an.

Im Auftrag diverser Veranstalter, wie Management Circle und Seminarportal hält er auch offene Entscheider-Seminare und Workshops.

Der begeisternde Redner ist in den Jahren 2007 und 2008 bei ca. 40 Veranstaltungen für Unternehmer und Manager aufgetreten.

Mehr über den Entscheidercoach finden Sie unter: **http://www.entscheidercoach.de**

9. Mehr vom Entscheidercoach

Ich hoffe, es ist mir gelungen, Ihnen in aller Kürze das Wichtigste übers Sparen ohne Opfer zu vermitteln. Ich habe es kurz gehalten. Denn es gibt genügend andere Dinge, die Ihre Zeit beanspruchen. Vielleicht haben Sie aber auch "Blut geleckt" und sind jetzt von dem Thema „Entscheidungen treffen" genauso begeistert und fasziniert, wie ich es seit vielen Jahren bin.

9.1 Der Entscheiderblog

Der Autor führt einen sogenannten Fachweblog. Das ist eine ständig weiter geführte Sammlung von Fachbeiträgen zum Thema „Bessere Entscheidungen". Zur Drucklegung waren es bereits über 400 Beiträge. Mit hoher Wahrscheinlichkeit findet daher fast jeder Leser die richtigen Hinweise zur Lösung seines individuellen Entscheidungsproblems.
http://www.entscheiderblog.de

9.2 Das Entscheider-Buch

Manager, Unternehmer und Selbständige wissen: Schlechte Entscheidungen werden ganz schnell teuer. Aber wie trifft man gute Entscheidungen?

Gar nicht so einfach, denn tückische Entscheidungsfallen lauern überall. Da gibt es die „Angebotsfalle", die „Elefantenfalle", die „Treibjagdfalle" und viele weitere. Wer sie nicht kennt, lässt sich von anderen nur allzu leicht zu Entscheidungen drängen, die er später bereut.

Kai-Jürgen Lietz stellt in diesem Buch die 15 wichtigsten Entscheidungsfallen aus der Praxis vor, die jeder kennen muss, der kostspielige Fehlentscheidungen vermeiden will.

http://www.entscheiderbuch.de   **ISBN 978-3-446-41139-5**

9.3 Die Entscheider-Bibel

Manager und Unternehmer wissen: Falsche Entscheidungen kosten richtig Geld. Trotzdem werden Entscheidungen oft nur „aus dem Bauch heraus" getroffen und ohne gute Vorbereitung.

In seinem ersten Buch hat Kai-Jürgen Lietz die 15 wichtigsten Entscheidungsfallen dargestellt – und gezeigt, wie man sie vermeidet. Dieses Buch geht einen Schritt weiter: Es bietet dem Leser ein wirklich umfassendes Wissen, wie er alle seine Entscheidungen auf eine solide Grundlage stellen kann. So lassen sich teure Fehlinvestitionen und falsche strategische Weichenstellungen vermeiden.

Unter anderem beantwortet es die folgenden Fragen:
- Wie gewinnt man Klarheit darüber, was man wirklich will?
- Wie entwickelt man überzeugende Alternativen?
- Wie lassen sich Entscheidungen mit der größtmöglichen Unterstützung umsetzen?

Checklisten zu allen wichtigen Themen und ein Anhang mit einer Fülle von weiteren Praxis-Informationen runden das Buch ab:
- „Entscheidungsprobleme: Symptome von A-Z",
- „Entscheidungssituationen von A-Z", „Entscheider-FAQs", „Die wichtigsten Entscheidungsmethoden" und ein „Großer Entscheidertest mit Selbstauswertung".

Damit eignet sich dieses Buch auch für den eiligen Leser auf der Suche nach der schnellen Hilfe für die Praxis.

http://www.entscheiderbibel.de   **ISBN 978-3-446-41654-3**

9.4 Sparen ohne Opfer – das interne Seminar

Das Seminar zum Buch. Machen Sie Schluss mit unnötiger Verschwendung in Ihrem Unternehmen und holen Sie den Entscheidercoach Kai-Jürgen Lietz, um Ihre Mitarbeiter zu schulen.

Gearbeitet wird direkt mit den Praxisfällen aus Ihrem Unternehmen, die Ihre Mitarbeiter mit ins Seminar bringen. Nichts ist näher an der Praxis als die Praxis selbst.

Auf diese Weise erkennen die Teilnehmer schnell, wie sie die Werkzeuge und Methoden dieses Buches für sich einsetzen können. Nutzen Sie am besten gleich das Faxformular auf der letzten Seite und fragen Sie nach einem unverbindlichen Angebot für Ihr Unternehmen.

9.5 Sparen ohne Opfer – das offene Seminar

Das Seminar zum Buch. Der Vorteil von offenen Seminaren: Sie lernen Entscheider aus den unterschiedlichsten Branchen und ihre persönlichen Herausforderungen kennen.

Nichts ist näher an der Praxis als die Praxis selbst. Daher bearbeiten wir im Seminar Ihre mitgebrachten Praxisfälle. Darüber hinaus erleben Sie neue Einsichten durch den Austausch mit den anderen Teilnehmern. Nutzen Sie einfach das Faxformular am Ende des Buches, um weitere Informationen anzufordern.

Die aktuellen Seminartermine finden Sie auch unter:
http//www.entscheidercoach.de

Sie können Ihre Anfrage über alle denkbaren Kanäle verschicken:

Post: Domain of Excellence e.K.
                Kai-Jürgen Lietz
                Saalburgstr. 102
                61350 Bad Homburg
Email: direkt@entscheidercoach.de
Telefon: 0 6172 / 998 901
Fax: 0 6172 / 998 902

Ihre Notizen

Fax-Anfrage 06172/998902

Domain of Excellence e.K.
Kai-Jürgen Lietz
Saalburgstr. 102
61350 Bad Homburg
Tel. 06172/998901
direkt@entscheidercoach.de

"Sparen ohne Opfer" – Das Seminar

Name _____ Vorname _____

Firma _____

Position _____

Strasse _____

PLZ _____ Ort _____

Telefon _____

Fax _____

Email _____

☐ **Ja**, ich möchte gerne mehr über das interne Firmenseminar beim Entscheidercoach Kai-Jürgen Lietz erfahren. Bitte rufen Sie mich zurück!

☐ Ja, ich möchte gerne mehr über das offene Seminar beim Entscheidercoach Kai-Jürgen Lietz erfahren. Bitte schicken Sie mir via E-Mail weitere Informationen zu.

☐ Ja, ich bin an einem Coaching interessiert. Bitte rufen Sie mich an!

☐ Ja, ich bin an Informationen über besseres Entscheiden interessiert. Ich möchte gerne regelmäßig über Neuigkeiten und Angebote des Entscheidercoachs informiert werden.